ケアマネジャーのための
アセスメント能力を高める実践シート

愛介連版アセスメントシートの使い方・活かし方

CD-ROM付き

増田樹郎・愛知県居宅介護支援事業者連絡協議会 編著

黎明書房

発刊によせて

　介護保険制度が始まって早15年が経過しました。ケアマネジャー（介護支援専門員）は介護保険制度の要の職種として，制度の創設と同時に新しく誕生した資格です。制度創設当時，たくさんの課題を積み残しながらも，厚生労働省曰く「走りながら考える」という状況でのスタートでした。その後の経過の中で，厚生労働省の社会保障審議会介護給付費分科会において，ケアマネジャーの「アセスメント能力」に対する疑問の声があがり，不要論すら飛び出すなど，大変厳しい指摘がなされました。

　具体的には，居宅介護計画書（ケアプラン）上の各在宅サービスについて，その必要性の根拠を導き出す「分析力」つまりアセスメント能力が弱いのではとの指摘でした。このことは，ケアプランの作成や区分支給限度額給付管理を主たる業務とするケアマネジャーにとって本質的な課題でありました。私ども愛知県居宅介護支援事業者連絡協議会（以下「愛介連」という）では，この指摘を真摯に受け止め，改めて介護保険制度の理念と給付の目的をしっかり理解し，利用者の尊厳の保持や自立支援に沿った各サービスの必要性の根拠を分析するためのツールが必要ではないかということになり，独自の「アセスメントシート」の開発に着手することとしました。

　以来，今日まで約3年間にわたり，愛知教育大学の増田樹郎名誉教授のご協力のもと，当協議会の「ケアマネ部会」のプロジェクトメンバーたちは，それぞれ多忙な本業を持ちながら繰り返し検討を重ね，「アセスメントシート」の使いやすさ等を検証する研修会を幾度も開催し，このツールの有効性を確認してきました。また，折に触れ愛知県高齢福祉課介護保険指定・指導グループのご意見もいただき，このたび出版の運びとなったしだいです。本書が現在のケアマネジャーのみならず，これからケアマネジャーをめざす人に，繰り返し読み継がれる「愛読書」になることを心から願っています。

　あらためて出版に関わってくださったすべての皆様に心よりお礼を申し上げますとともに，このシートを活用することでケアマネジャーのアセスメント力がなお一層向上してまいりますように祈念して，出版の挨拶とさせていただきます。

　　平成27年8月

　　　　　　　　　　　　　愛知県居宅介護支援事業者連絡協議会会長　　岡田　巖

まえがき
―ケアマネジャーの新たな一歩のために―

「病める人に対して，あなたは病室を提供しますか，寝室を用意しますか。病める人にとってもっともふさわしいのは，さわやかな光，おいしい水，新鮮な空気であり，ゆっくりと心身を包み込む清潔なベッドなのです」※。ナイチンゲールが語る風景には，病に寄り添い，癒し合うことの大切なポイントが描かれています（※『看護の覚え書き』における彼女の文意を要約したものです）。

老いであれ，病であれ，これを特別な事情とせず，日常的な暮らしの中でこれを理解して支えていくことは，ケアマネジメントの意義そのものです。かつてケアマネジメントなき時代，介護は家族により担われ，そうでなければ施設か病院かの選択しかありませんでした。つまり特別な事情を受け入れて暮らすほかありませんでした。ケアマネジメントが本格的に導入された現在，サービス（ケア）を使いながら在宅・地域で暮らせる可能性はとても大きくなりました。

その画期的な契機こそ，ケアマネジメントつまりはケアマネジャー（介護支援専門員）の登場でした。心身が衰弱し，徐々に介護が避けがたい課題となってきた時，親身な相談をとおして，要介護状況を的確にアセスメントし，これからの生活不安に対応しつつ，最適なサービス（ケア）を組み立てつなぐ支援をする専門職が，初めて身近な存在となったのです。それだけではありません。こうした利用時にありがちなサービス提供事業の質や適性までモニタリングし，いつでも見直しや再契約に取り組む役割もまた引き受けているのです。すなわち，包括的継続的な介護支援があればこそ，たとえ病や老いの中にあっても，いのちと暮らしの安心を得ていくことができるようになりました。

以来，およそ17年が経過しました。一つの専門職が成熟するにはまだ十分な年月ではないのかもしれません。それでもこの間，ケアマネジャーに対する期待と責任は，「待ったなし」と言えるほどに大きくなったと言えます。介護の現場では個別具体的に利用者・家族からの信頼に懸命に応えながらも，制度的には介護報酬の改定のたびに専門性の質が問い質されてきました。その課題の大きさこそが，ケアマネジャーの専門倫理を深刻化させてきたといっても過言ではありません。

アセスメントからモニタリングまでのケアマネジメントの過程には，たえず変容していく利用者等のニーズに対応する不断の取り組みがあります。いたずらにアセスメントのツール（道具）や書式を整えるのではなく，誠実に利用者理解を深め，そのニーズに即応していく支援こそケアマネジャーの本領であることをあらためて確認すべきなのでしょう。

本書で解説している愛介連版のアセスメントシートは，利用者の信頼とケアマネジャーの

専門性を高めていく一助として作成されたツールです。初心者からベテランまで誰でも活用できるアセスメントであることを願い，創意工夫を重ねてきました。これを世に問うことで，あらためてケアマネジャーの専門職としての取り組みがより一層拡充することになれば幸甚に存じます。

本書の刊行に際しては，愛知県居宅介護支援事業者連絡協議会会長岡田巖様をはじめ，同会会員の皆様による有形無形のご協力をいただきました。また，快く事例をご提供くださいました方々の大切な志に応えて，今後とも利用者本位の介護支援に努めてまいりたいと存じます。衷心より感謝を申し上げます。

末筆ながら，本書を刊行するに際して，多大のご助力をいただいた黎明書房の武馬久仁裕社長，根気よく丁寧に編集作業を重ねてくださいました都築康予氏に対して，執筆者一同，心よりお礼を申し上げます。

2015（平成27）年8月

執筆者を代表して　増田樹郎

目　　次

発刊によせて　*1*
まえがき　―ケアマネジャーの新たな一歩のために―　*2*

序章　ケアマネジメント事始め　*6*

　　ケアとは何か，老いとは何か　*6*
　　演出された老い　*7*
　　ケアマネジメントとはどのような技法か　*7*

第1章　利用者理解としてのアセスメント　*9*

　1　利用者の生活を拓(ひら)くために　―根拠に基づくケアマネジメント―　*11*
　2　利用者の人生に寄り添うために
　　　―物語（ナラティブ）としてのケアマネジメント―　*12*

第2章　アセスメントの視点と活用法
　　　　　―愛介連版アセスメントシートの活かし方―　*15*

　1　アセスメントの5つの実践的課題
　　　―ケアマネジャーが制度を有効に活用するために―　*16*
　2　アセスメントの視点
　　　―ケアマネジャーの専門性の拠(よ)りどころとしてのアセスメント―　*19*
　3　アセスメントシートの特性　*22*
　　　愛介連版アセスメントシートの縦軸　*23*
　　　愛介連版アセスメントシートの横軸　*24*
　4　「課題分析項目」記入上の留意点　―アセスメントシートの縦軸―　*26*
　5　「課題分析をニーズにつなげる6つの段階」記入上の留意点
　　　―アセスメントシートの横軸―　*33*

第3章　アセスメントのモデル事例とポイント　43

「愛介連版フェイスシート　利用者基本情報」記載要綱　44
1　認知症　47
2　生活習慣病（糖尿病）　58
3　脳血管疾患（脳梗塞）　68
4　筋骨格系疾患（脊柱管狭窄症）　78
5　末期がん　88
6　虐待　98

【付録のＣＤ－ＲＯＭについて】　108

あとがき　109
参考文献　111
巻末資料　身体障害者障害程度等級表　112／療育手帳の概要　114
索引　116

序　章
ケアマネジメント事始め

ケアとは何か，老いとは何か

> 　山間の小さな町にヨネ造さんとキミさんという老夫婦が住んでいました。ヨネ造さんが米寿を前にして亡くなると，ひとりキミさんは広くなった家で閉じこもりがちになりました。しだいに隣近所との付き合いも減り，外に出るのは近くにある墓参り程度でした。
> 　見かねた民生委員が，隣町の特養に入所の手続きをしませんかと声をかけましたが，「ここには夫の墓もあり，畑もある。これを放ってはいけません」と頑なに拒みました。それでも食事や風呂が心配になって，まずは試みに入所してみてはと説得しました。すると，嫁いだ時に夫が買ってくれたタンスを持参したいと言います。
> 　施設長の計らいでタンスごとキミさんが多床室に入ると，廊下に置かれたタンスが何ともじゃまになります。タンスを開けるとさほどに貴重品はありません。片隅に泥の付いた豆絞りの手ぬぐいが折りたたんでありましたので，キミさんに「こんな手ぬぐいはもういらないでしょう（こんな手ぬぐいが入っているタンスはいらないでしょう）」と尋ねると，キミさんは急に眼に涙を浮かべて「それはあの人が生きていた時，いつも腰に下げて畑に持って行ったものなんですよ」と語ります。静かな居室にキミさんの嗚咽がしばらく響いていました。

　ずいぶん前のエピソードです。それでも今風に響いてくるのは，いまも変わらぬありふれた老いの風景だからなのでしょうか。一本の手ぬぐいが物語る老夫婦の来し方（過ぎ去った時間）・過ごし方は，彼女の「生きられた時間（いま，ここ）」の中に凝縮されて，生き直すことのかなわぬ老いの風景を映し出しています。

　ケアとは，病める者，老いる者の心身に対する直接的・間接的な働きかけとしてとらえられています。生身の心身はいつも傷つきやすく，時として痛みや苦しみをを伴っています。ケアとは，こうした心身に対する癒しであり，支えであり，力添えであるのです。身体に触れ，言葉をかけ，まなざしを交わしながら，その人の人格にまで深くかかわっていきます。生きることは，いつも「人生」の予期せぬ転機や「生活」の避けがたい問題を含み込んでおり，病や老いがこれを増幅することも少なくありません。

　その語源（古英語）を遡れば，一方には「哀しみ，嘆き」があり，他方には「心遣い，気配り」があります。ケアとは，生きること，死ぬことへの心根に深くかかわっています。これに寄り添い支えることは，ひとが本来もつ癒しの力でもあるのです。病や老いがこの原風景を映し出しています。病や老いによって，自らを癒し支えることができない時，他者の「手」を頼みとすることは少なくありません。ひとは孤独は我慢できますが，孤立に耐えることはできません。夜半にひとり眼が覚めて病の床にあることの哀しみに涙することがあるとしても，声が聴きたい，話を聴いてほしいと願った時，振り向いてくれる「誰か」のいない哀しみは，他者にとっては「路傍の石」の〈痛み〉とも言えるのでしょうか。

　ある意味で病や老いは「喪失」の体験です。身体感覚からすればセルフコントロールしているはずの心身が，しだいに（時に急に，時に痛みや辛さを伴って）自由に動かせなくなります。立つことや歩くことにすら，どこか苛立ちを隠せません。自力でできる範囲は狭まり，他者の手に

委ねていくことも多くなります。これを「老化」と呼ぶのでしょう。

　老いる意識からすれば，その感じ方・受けとめ方は何ひとつ一様(いちよう)ではありません。時に生理的身体は衰えても習慣的身体（日常的な身体感覚）はいまだそれに気づいていません。後者は過去の身体感覚を頼りに，まだ自力で動く，動かすことができると錯覚しているにすぎません。こうした感覚は，すべての世代に共通していますので，とくに老いの特徴というわけではありませんが，老いの体験に色濃く影を落としていると言えるのでしょう。

演出された老い

　他方，老いを演出されたものとして見れば，高齢者に対する印象はどうでしょうか。加齢に伴う心理的な傾向性は「（心身の）退行性」「（記憶の）回想性」であり，社会的な傾向性は「（役割の）喪失性」「（生活の）危機性」と言われます。こうした言葉は，人生の黄昏期(たそがれき)があたかもネガティブなイメージで彩られているかのような印象を与えます。例えば高齢者は病気がちで，物覚えが悪くなり，他人に依存しがちで，性的にも枯れており，長生きをすれば認知症の可能性が高くなり，最期には介護を受ける羽目になる，といったように。

　もし私たちの描く老いがこのように演出されたものであるとすれば，介護保険サービスは「老人対策」でしかありません。実際，「老化」「加齢」「認知症」「介護」は，現代でもっとも誤用されている言葉なのでしょう。その言葉だけですべてを理解したかのような印象を与えるからです。よく考えてみれば，病気がちや物忘れは老いだけの特徴ではありません。多くの高齢者は自立して地域に暮らし，一人の男性，女性として生き生きと活動しています。たとえ要介護になってもターミナル期になっても，高齢者の多くは尊厳をもって自らの生を全(まっと)うしようとしています。もとより，いつの日にか誰かの支えを必要とする時期がじょじょに近づいてくるとしても，もしそこにあたりまえのようにその人にふさわしい支援があれば，「終わりよければすべてよし」と言えるかもしれません。

　周知のように，「介護」が「サービス」と結びついて市民権を得たのは，介護保険制度からでした。家族による介護状況が一変し，まがりなりにも社会的費用でまかなう支援システムが利用できるようになりました。本格的にケアマネジャー（介護支援専門員）という専門職が登場し，ケアマネジメントという技法をとおして，たとえ限られた諸サービスであっても，これを適切かつ有効につなぎ合わせて要介護状況を軽減・緩和できるという期待が膨(ふく)らみました。

　昨今の介護保険事業に関する市町調査の結果を見ると，ケアマネジャーに対する期待度や信頼度は「高止まり」（高い水準に留まる）しています。その背景には，利用者・家族の個別の介護事情に即応する「相談支援」に対する安心感があります。親身に耳を傾けて介護環境を整え，生活を安心させる働きをするケアマネジャーの存在は，日本では初めての本格的な相談支援のシステムであったからです。

ケアマネジメントとはどのような技法か

　ところで，ケアマネジメントとはどのような特性をもった技法なのでしょうか。あえて言えば，適切にサービスを利用できるように利用者等をマネジメントすることではありません。利用者の「管理」ではないからです。利用者等が行うマネジメントを「代行」しているのでもありません。ましてや，利用者にサービス提供を「照会」しているわけでもありません。その技法は，一方で

① 利用者のもつニーズを適切に理解し，
② そのニーズを充たし得るケアやサービスの適性（質・量）を把握し，

③　ニーズに応じたサービスを組み立てることで利用者等の「生命，生活，人生」を再生・回復する

ことが主たる目的です。

　生命とは，心身の本来的な働きであり，病や老いを支える営みです。生活とは，物心両面の質的な豊かさのことで，生計の基盤を指しています。人生は，そうした心身や物心の備えを超えて「人として生きること」の価値や意味にほかなりません。①②のステージにおいてアセスメントの意義が強調されます。③のステージを実現していくために必要にして十分な「利用者の全体像」をどう理解していくのか，が問われているからです。

　しかし，アセスメントとは，利用者に関する情報（ライフヒストリー）つまり生活歴（史），病歴，職歴，学歴，家族歴などを詳しく集め，これを分析・記録（客観化）することだけがねらいではありません。ケアマネジメントにとって，こうした情報は必要最小限にすべきであり，ことさらに利用者等のプライバシーに入り込むことは望ましくありません（こうした専門的な関心が「歴症候群」と揶揄されることもあります）。たしかに過去が示す多くの事実は，現在の状況を理解する貴重な情報であり，近未来の希望や不安を理解する背景です。

　他方，ケアマネジャーが「訊きたい（尋ねたい）」ことと，利用者が「語りたい（伝えたい）」こととの間に，時にズレが生じることもまれではないのです。マニュアルにしたがって質問する以前に，利用者自身の気持ちや考えに耳を傾けることこそ，アセスメントのイロハの「イ」なのです。

　まず理解すべきは，「私（利用者）のつくる生活・人生」を彩っている物語（ライフストーリー）であり，冒頭の「1本の手ぬぐい」の話にもあるように，物語に込められた利用者自らの意味づけや想い（主観）です。物語とは，個人情報やプライバシーつまり私的な生活情報やこれを守る権利を意味しているのではなく，個々人の人生観や生活観に根ざす生き方にほかなりません。長い人生を重ねた老いの物語は，時に要介護の状況で見えなくなることもありますが，そこには「老いを生きる者」の気概があり，人生に立ち向かう「態度価値」（自己の運命を引き受けて生きる自由。V. E. フランクルの言葉）があります。「その人らしさ」の意味が込められています。

　顧みて，介護保険におけるケアマネジメントは，アセスメントのためのものさし（尺度）として，さまざまなチェックリストやフローチャートを作りました。要介護の状況を客観的・分析的にとらえることで，費用対効果として効率よくサービス（ケア）の必要性を計りたいと考えたからです。

　誰がアセスメントしても誤差の少ない均質な結果が得られることは，「要介護度」の信憑性を裏付けていくポイントの一つです。ただ，それが優先されて一人歩きを始め，利用者等とケアマネジャーとの対話が後回しになるとすれば，これを機に，利用者のイメージは「老いを生きる者」から「介護を要する者」へと変わってしまいます。

　そうしたまなざしが老いることに安心や満足をもたらしてきたかと言えば，簡単にうなずくことができないことも事実です。本来，ケアマネジメントは，老いのいのちを要介護度によって分けることではなく，そのいのちと暮らしに寄り添うこと（相談）で，これを支援していくプログラムを備えた総合的（generic）かつ専門的な技法なのです。ケアマネジャーとは，この技術と経験を身につけた唯一の専門職であるといっても過言ではありません。

　要介護にある高齢者ひいては人間の生活・人生の全体像を理解し，これをあるべき支援プログラムにつないでいくことができるかどうかは，アセスメントのあり方にかかっているのです。

第1章
利用者理解としてのアセスメント

◆ 学習のポイント ◆

　本章では，介護保険上でのケアマネジメントの成立段階を整理しています。そのうえで，利用者の要介護の状況を適切に分析することのみならず，利用者の生活や人生を再生・回復していくために必要不可欠なアプローチについて解説しています。
　2つの立場つまり「**根拠に基づくケアマネジメント**」と「**物語としてのケアマネジメント**」を紹介しています。

- 「根拠に基づく」とは，ICF（国際生活機能分類）等を踏まえて，利用者のもつ生活機能をアセスメントすることです。利用者のもつ特性や個別の事情を踏まえる時，これを一定のツールや指標（分析項目）を用いて整理することで，利用者のもつ諸課題を客観的にとらえ，多職種が共通の理解を得ていくことを意味しています。
- 「物語（ナラティブ）」とは，利用者の生活や人生をとおして語られるエピソード（出来事）に着目してアセスメントすることです。利用者の生活実態や人生模様には，多様な物語が描かれています。利用者等の語り（ライフストーリー）をとおして，利用者の人格や人生観に深く触れていきます。すなわち，記録としてのライフヒストリー（生活史・生活歴）ではなく，利用者の主観的な思いや固有の体験を浮き彫りにして，これをケアプランに反映していくことを意味しています。
- 2つの立場は，互いに相補的にケアマネジメントを構成しています。これによって，利用者のニーズを重層的にとらえることができます。

ケアマネジメントが本格的に導入された2000年から今日までの経緯を概観してみると，第一期は，「困りごと」対応としての『地域支援型』でした。まだサービス種別も整わない中で，引き続いて居場所づくりも含めて地域で支えることが期待されました。まずはアセスメントシートを活用して相談を受け，たとえ単品サービスであってもケアプランに載せていくというレベルでした。当時は地域・在宅版のアセスメントはまだ試行期だったと言えましょう。

　第二期は，介護が「家族介護」の問題としてクローズアップしたことで，利用者と介護家族の生活をどう支えるのかという『生活支援型』でした。「不適切事例」などが多く散見されて，利用者と家族のそれぞれのニーズを適切に分けることの難しさがありました。とくにアセスメントの中で「家族の意向」優先になることへの懸念がありました。

　第三期は，国際生活機能分類（International Classification of Functioning, Disability and Health：ICF）の導入に併行して，地域でサービスを利用しつつ自立して生活するという『自立支援型』でした。自助・互助・共助という言葉が用いられて，自立につなげていくケアマネジメント，あるいはマネジドケア（費用対効果あるいは利用抑制）としてのケアマネジメントが議論されたのもこの時期でした。

　そして，第四期は，現在の『地域包括型』と言うことができます。医療と介護，地域と在宅支援，老後と生活困窮など，複数のニーズが複雑にからみ合って介護状況を作り出しています。いわゆるホームヘルプ，デイサービス（デイケア），ショートステイの三本柱では，とても対処できないほどにニーズは複雑化しています。2015年の制度改定を見ても，地域包括ケアを軸とするあらたな組み直しを模索しているような印象すらあります。

　こうした経緯が物語っているのは，ケアマネジャーの周辺にはいつも利用者・家族の老後があり，生活があり，制度の改定の度にそのはざ間で自らの立ち位置を確認しなければ本来の専門性が発揮できない難しさがあったということです。

　ところで，第一期から第二期にかけて，ケアマネジャーの発想にあったのは，「医療モデル」でした。要介護を「症状（状態像）」としてとらえ，アセスメント（当時は課題分析の意）することで一定の支援プログラム（ケアプラン）に載せ，対症療法的に解決していくモデルとも言えます。ケアマネジメントとりわけアセスメントがまだ専門的に成熟していない中で，ツール（チャートやマニュアル）を使用して，系統的に均質的に分析し，プログラムとして組み立てるには，医療的な発想こそがもっとも確かなモデルであったと言えましょう。

　第三期以降，ＩＣＦの影響もあり，「医療モデル」に併せて，「生活モデル」に関心が集まります。老化や要介護にあるアプローチを省みる時，個人の心身に対する「治す」ことへの関心だけでは限界がありました。心身機能レベルから生活環境レベルへと視点を移した時，「地－図」の関係にたとえれば，環境や人間関係，生活の状況などの地（生活環境レベル）こそが，図（心身機能レベル）を成り立たせているのだということに気づきます。つまり，アプローチからすれば，地を整え改善することで，利用者の生きやすさや暮らしやすさに近づけていくことができるのだということになります。要介護になっても，まずリハビリ・治療してから生活を支援するのではなく，日常生活の場にこそリハビリ・治療が活きるととらえます。これを機にアセスメントの視点が大きく広がっていきました。

　とは言え，厚労省が示した「課題分析標準項目」も「課題整理総括表」も，医療モデルから見た「課題指向」が強く，ともすればアセスメントは心身機能に焦点化する傾向にあります。生活モデルの特性は，生活環境レベルを意味するだけではなく，利用者等の生活や人生から見えてく

る「目標指向」であることを見過ごすことはできません。アセスメントは，利用者等と共につくる「目標」をクローズアップするために行うことだからです。

1　利用者の生活を拓(ひら)くために　―根拠に基づくケアマネジメント―

　「根拠に基づくケア（Evidence-Based Care：EBC）」という言葉が広く使われ始めたのは，医療の影響でした。その事始めは1990年代から本格化した「根拠に基づく医療（Evidence-Based Medicine：EBM）」でしたが，そのポイントはおおむね，当該(とうがい)患者に関する情報（データ）から課題を抽出し，その解決に関するデータを整理し，批判的な吟味をとおして患者に対する適用を図るという過程ということができます。症状が同じに見えても一人ひとりの患者の病因やリスクが異なるとすれば，「最善の選択肢」を適用することは高度な医療行為です。ましてや患者の意思や希望をも，こうした選択肢の一つとして加味すべきであるとすれば，マニュアルやガイドラインで対応することには自ずと限界があります。それでもなお，EBMが広く普及したのは，患者に対するインフォームド・コンセント（説明と同意）のための必須要件であり，治療者としてのより高度な経験と技術がそこに凝縮されているからでしょう。

　介護保険版ケアマネジメントが始まった頃，研修の機会には，医療関係者からEBMが頻回(ひんかい)に提唱されたことは記憶に新しいところです。「利用者・家族の意向」優先という「誤った利用者本位」と，ケアマネジャーの「経験と勘(かん)」によるアセスメントが広がったその後の風潮の中で，とても新鮮な印象を与えたものでした。早々に導入されたアセスメントの一つである「MDS方式（Minimum Data Set）」（米国の看護学的方法の導入と応用）や「財団方式（日本訪問看護振興財団）」，さらにはMDS方式の発展型である「インターライ方式」も，「根拠に基づく」アセスメントを強く指向する方法と言えるでしょう。

　医療・看護を軸とするこうした方式は，「国際疾病分類（International Classification of Diseases：ICD-10）」や「ケア指針（Clinical Assessment Protocol：CAP）」あるいは「ICF」を活用して，より精緻化(せいちか)されてきたようです。

　ちなみに，介護保険上のケアマネジメントに本格的に導入された「ICF」について見てみましょう。まず「健康」と関連する領域（心身機能・身体構造，活動，参加）を網羅的(もうらてき)に指標化し，これを系統立てました。ひとは誰しも十全な健康状態をもって生活しているわけではありませんので，時に病や老いによって生じた機能不全は，その指標と系統に照合してみると，その原因や課題が系統的に浮き彫りになるというシステムになっています。

　とくにマネジメントの重点を「生活機能」に置いているのは，
① 心身機能等に障がいがあり回復が難しくても，活動・参加レベルでの改善はできるととらえているからです。
② たとえ心身機能等に障がいがあるとしても，この原因や状態を治癒させることを優先するのではなく，どんな「生活」を過ごしたいのか，どんな「人生」の意味を膨(ふく)らませていきたいのか，に軸足を置いているからです。
③ 心身の機能不全があり「している活動（現在の実行状況）」に制約があるとしても，もし適切な支援や補助（福祉用具等）があれば，それは「できる活動（新たな能力）」へと展開していくことができるからです。
④ そのうえで，活動や参加ができないのは，個人因子（心身の機能不全や個人の資質・意識など）だけではなく，その多くは環境因子（段差などの物理的バリア，制度システムなどの

未調整・不充足，無理解や偏見など）にあると指摘しているからです。

2014年に日本が批准した障害者権利条約は，「障害」を「障害者と障害者に対する態度及び環境による障壁との間の相互作用」と定義しています。こうした「環境因子」（環境が引き起こす原因・背景）に関する認識は，高齢者や障害者の支援を考えるうえで，多くの示唆を与えています。要介護の背景を考える時，個人の心身機能や生活態度・生活習慣に原因を還元する発想から，環境によって作り出される「生活のしづらさ」や「生きづらさ」を掘り下げ，環境を変えることで安心や満足を作り出していくことができるからです。

とは言え，ICFのねらいどおり，生活機能や環境については「客観的次元」での指標化（データ化）は可能でしたが，その後の「主観的次元」の指標化の作業では，その困難さは予想外に大きかったということが言えます。

例えば，利用者の「食べたい」という願いと，「食べる（ことができる）」行為との間には大きな差があります。後者は何らかの方法で「食べさせる」に変えることができますが，前者の「食べたい」という願いにはその人の意思や嗜好性が深くかかわってきます。二つの次元が交差するところで，はじめて「おいしく食べる」ことが実現できるわけですが，ICFが示唆するところであっても，個々人の「主観（～したい）」を指標化（データ化）することにどれだけの意味があるのか，まだ疑問は解消されていません。

2　利用者の人生に寄り添うために　―物語（ナラティブ）としてのケアマネジメント―

臨床とは，病める者のかたわらに立ち，その心情に心を寄せて，その苦しみや痛みを時に癒し，時に軽減し，心身の内側から生きようとする意欲や力を膨らませていくことです。そうした営みを支えるのは，病める者とかかわる者との「人格としての交わり」でもあります。

以前，『ドクターG』（NHK）という番組がありました。患者の日常生活の中にある主訴や症状の再現ドラマをとおして，総合診療医のベテランの医師と研修医がカンファレンスを重ねて「真の診断」を行います。「ナラティブ医療」とも重なる内容です。ケアが必要な場所には，患者の生活と人生の物語があります。一見すると症状と無縁のようですが，患者の語りにじっくりと耳を傾けていくと，症状の背景や糸口だけではなく，患者の「苦」「痛」が見えてきます。同じ症状でもそこに至る「物語（ナラティブ）」は多様で個性的であり，患者の感じ方や受けとめ方から治療への意欲や満足感が伝わってきます。

そうしたあり方が教えることは，制度の基準やコード（要介護度や医療区分，障害支援区分），専門職的な指標やマニュアルをとおして利用者等を理解することの「危うさ」でした。例えばデータでとらえた利用者像と直接に面談した人物像にしばしばギャップが生じます。アセスメントもまた，マニュアルやコード等が優先すれば，ニーズの外在化つまり「要介護度3はこんなニーズをもつ人」という発想が先に立ちます。利用者等の個別具体的かつ特徴的なニーズが，マニュアル等をとおして一気に均質化・平均化されて，外発的に規定されていきます。例えば既存のサービスに合わせてニーズを設定することになりかねません（これを「ドミナント・ストーリー（支配的なシナリオ）」と言います）。

他面，ニーズが利用者の生活・人生を映しているとすれば，ニーズの内在的な意味や文脈つまり「その人の生きられた体験や語りを聴く」ことで，利用者の「生きる世界」に触れて，利用者等が何を求め，何を願っているのか，を理解することができます（「オルターナティブ・ストーリー（共に分かちあう物語）」と言います）。

例えばアルツハイマー型認知症の人がしだいに記憶を失っていくとしても，潜在的には「いま，ここ」で感受している感覚や想いはいつでも臨場感に満ちています。つまり，記憶が消えたという症状から見れば過去形であっても，いま，ここで体験している世界は現在進行形としてたえず生成しているのです。ケアマネジャーの特質は，利用者等の「生きる場」「暮らしの場」において，深くかかわりながら観察し，これを理解していくという技法にあります。利用者等が思ったり感じたりしている「いま，ここ」で対話していくことなのです。

「いま」とは，過去から未来へと流れていく時間軸です。「以前に〜があった」「かつて〜を体験した」という過去の「出来事」も，「いま〜思っている」「〜ふうに暮らしている」という今日の想いも，そして「〜したい」「〜ありたい」という明日の「可能性」も含まれています。

他方，利用者等が語る筋立て（プロット）は，いつも年代順に整然とつながっているわけではありません。利用者の物語の中で組み直されて，「生きられる時間」（E.ミンコフスキー）となります。「ここ」とは，利用者の馴染みの「場所」や「世界」です。人やものがつながり，活動やできごとが立ち上がり，新たな物語やイメージが生まれ，ゆたかに意味や価値が生成し，そして自己と他者とが相互に作用する磁場（「生きられる空間」E.ミンコフスキー）でもあるのです。

後述する愛介連版アセスメントシート（第3章）は，利用者との対話をとおして，時に客観的な事実を，時にエピソード（物語）を記述する様式になっています。いずれにしても，それぞれは利用者の大切な生の一断面であり，かけがえのない物語の一文脈であるとすれば，聴く側のケアマネジャーもまた，あるがままにこれを「聴く」ことから，アセスメントが始まるということです。

言うまでもなく「人間は事例ではありません」。事例を重ねることで，専門職としての知識の確かさや洞察力を高めていくことができますが，いつしか「認知症であれば，こんなケアプランを作ればいいんだ」という先入観にとらわれていきます。利用者の個別具体的な物語を知ることなく，状態像（症状）だけで事例化していくとすれば，利用者の求める支援からは大きく遠ざかっていくばかりです。

他方，「事例をして語らしめよ」とも言います。個別の事例が示し語ることに真摯に耳を傾けるならば，そこには利用者の多様な「生きる世界」が見てとれます。「松のことは松に習え」（松尾芭蕉）という言葉は，100本の松と比べても，杉や檜と比べても，1本の松の心はわからないという意味です。いのちの営み（実存）は，いつも個別具体的で，人それぞれの固有の世界として立ち現れます。

アセスメントをとおして，利用者の状態像（病）をどう理解するかということと，ケアをどう具体化するかということとの間をしっかりと埋めていくことが求められているのです。その鍵が，利用者の語る生活と人生の「物語（ナラティブ）」にあるといっても過言ではありません。

第2章
アセスメントの視点と活用法
―愛介連版アセスメントシートの活かし方―

◆ 学習のポイント ◆

　本章では，愛介連版アセスメントシートの解説をしています。
・ケアマネジメントは「アセスメントに始まり，アセスメントに終わる」と言われるほどに，アセスメントこそがケアマネジメントの原点です。
・アセスメントは，「はじめに利用者ありき」（利用者本位）の姿勢をとおして，要介護状況を適切に把握することです。
・アセスメントの出発点は，インテーク（初期面接）をとおして利用者と出会うことです。
・利用者とのコミュニケーションを適切に活かすために，愛介連版アセスメントシートが役立ちます。シートは縦軸に「課題指向」，横軸に「目標指向」を設けて，これをクロスすることで，利用者のニーズを段階的にとらえ，整理することができるようになっています。
・縦軸は，いわゆる厚労省版の「課題分析標準項目」である14項目です。これを①健康指標，②行為指標，③関係指標，④介護力指標の4分類に分けることで，利用者の全体像がまとめやすくなります。
・横軸は，7項目から成っています。「以前の生活を踏まえた今の暮らし」（昨日から明日に向かう時間軸），「生活に対する意向」（利用者等が抱く意欲，希望，感情，動機など），「予後予測・リスク」（専門的な判断や見通し），「多職種の意見（社会資源・情報を含む）」（利用者に対する複眼的かつ多面的なアプローチ），「課題の整理」（生活・介護等の支援上の課題整理），「生活目標」（私の望む生活像），そして第1～2表につながる「生活全般の解決すべき課題」の構成になっています。
・単なる課題分析に留まらず，利用者理解を踏まえたアセスメントとして構成しています。

1　アセスメントの5つの実践的課題　―ケアマネジャーが制度を有効に活用するために―

　ケアマネジメントは,「アセスメントに始まり,アセスメントに終わる」と言われています。そもそも人間のいのちと暮らしの営みは,立体的（構造的）であり,一つの「主訴」は,複数の原因や背景が重層的につながり合って成り立っているということができます。主訴とは,その人にとっての「生きづらさ」や「暮らしにくさ」,「困りごと」や「辛さ」,あるいは「（暮らしの中でそうしたくても）できないこと」や「困難さ」であり,その人にとって現状でもっとも差し迫った「課題」を意味しています。

　病や老いの中にあり支えを必要とする時,その渦中にある人にとっては,何が起こっているのか,どうしたいのか,どうすればよいのか,適切に理解しにくい状況です。それでも自らの身の上に起こっている癒しがたい想いや状態をきわめて個別具体的な訴え（行動・言葉）として伝えようとします。その中には「顕在化している主訴」もあれば,まだはっきりと見えていない「潜在化している主訴」もあります。その一つひとつを傾聴しつつ,「真の問題」が何か,もっとも「必要な支援」が何かをとらえていくことが必要なのです。

　アセスメントは,こうした複雑にからみ合い,もつれている現在の状況を的確にとらえ,そこに散見する諸課題を抽出し,構成的にこれを組み立てることが求められています。言うまでもなく,介護が必要となるのは,利用者の心身の病変や衰弱によって生ずる生活困難です。心身の状態像そのものは医療・看護等によって改善もしくは維持が可能ですが,状態像の変化に伴って生ずる生活全体の回復・再生はことのほか難しいことです。ADL（日常生活動作）やIADL（手段的日常生活動作）はその端的な指標ですが,これに留まることなく,衣・食・住などの維持や確保は介護状況とも密接につながっていますので,そうした実態の正確な把握も,アセスメントに課せられた役割なのです。

　それにもまして重要なのは,利用者一人ひとりの「意味ある時間（カイロス）」を理解することです。カイロス（ギリシャ語）とは,個々人ごとに異なった固有の時間のことです。対照的に,誰しも客観的に同じように過ぎていく時間（時計が刻む時間）はクロノスと称します。例えば同じ80歳という年齢の人たちでも,一つとして同じ人生のシナリオはなく,また同じ状況下での体験であっても受けとめる意味はまったく異なっています。だからこそ,どのような介護状況のもとでも,利用者は自らの人生の主人公つまりは生活主体（行為主体）として生きているのです。生きたいと願っているのです。その背景には,さまざまな生活体験があり,かけがえのない思い出があり,自分らしく創り上げてきた生活の様態があるのです。これをカイロスと呼んでいます。

　昨日（過去）から今日（現在）への道筋で,病や障害を抱え介護を必要とする時,利用者はこれまでの来し方・過ごし方を顧みながら,自己の人生の意味（カイロス）を問い返すこともまれではありません。その心象風景（心に描く人生模様）に思いを寄せて,今日から明日への暮らしの不安や希望を理解し,生活を再生・回復していくためのポイントを探ることはアセスメントの意義でもあるのです。

　まず耳を傾けて,利用者の「語り」を聴いてください。言葉が足らずわかりにくいとしても,同じ話題が繰り返されたとしても,本当らしく聞こえなくても,そこには利用者が懸命に伝えようとする大切なメッセージが含まれています。

　しかし,ケアマネジャーがこのメッセージを専門的なまなざしで「問題点の把握」という視点だけから理解するならば,それは「ネガティブコレクト（消極的改善）」つまり「できないこと」「で

きなくなったこと」探しとなってしまいます。問題点を解消・軽減すればあたかも支援ができたと思い込むこともしばしばです。

　もとより利用者が抱えている課題は，何らかの理由で介護（介助）が必要となった「いま」「ここで」の急を要する課題ですので，まずは個別的なケアをとおして，何らかの改善や解決を探っていく必要性があります。医療的・看護的・介護的な視点からその状態像を適正に把握し，ケアやサービスをどのようにつなげれば，日常生活を回復していけるのかという分析が必要です。ここにアセスメントの第一義的な視点があります。

　他方，往々にしてこうした「問題点」をニーズととらえがちですが，実は「問題」の前提にあるのは「その人らしい生活」の維持・実現（再生・回復）であり，これこそが「真のニーズ」なのです。いわば「ポジティブアシスト（積極的支援）」が求められているのです。

　言うまでもなく，利用者は，たとえ要介護になったとしても「自分らしく」「生きがいをもち」「安らぎのある」生活を送りたいと願っています。人それぞれの人生観や生活史に裏打ちされながら，多様な心模様を描いています。「よくがんばってきたな」「こうしておけばよかった」「こんな暮らしがしたい」など，昨日から今日への道のりを繰り返し述懐しつつ，自己の生活像をスケッチしているのです。そうした心模様の中から，明日への期待や希望がフツフツと生まれます。ストレングス（強み）の一面です。さまざまな障壁があっても，これからも「その人らしい生活」を継続する手立てを利用者と一緒に考えることが，ケアマネジメントの第二義的な視点です。

　一例として脳血管障害の人であれば，まず発症した初期段階では心身機能の治療・改善を目途とします。次いで，リハビリ等をとおして退院後を想定して生活機能の回復を図ります。受傷後の自宅での生活は，再発リスクを抑えながら，新たな生活スタイルを作っていくことです。この段階で大切なのは「残存機能の活用」といったとらえ方ではなく，たとえ病や障がいがあっても，環境的な障壁を可能なかぎり除去しつつ，利用者のＱＯＬ（生活の質）を高めていくことです。

ネガティブコレクト （消極的改善）	ＡＤＬ中心＝個別的ケア ①　リスクや不安を緩和・軽減する ②　三大介護（食事・入浴・排泄）中心 ③　問題（困りごと）対応
ポジティブアシスト （積極的支援）	ＱＯＬ中心＝包括的ケア ①　その人らしい生活の継続・実現 ②　生活の中の生きがい ③　日中の活動・参加

　こうしたアセスメントの役割や意義を遂行することは，容易ではありません。日常業務の多忙さや介護支援の困難さがこれを妨げることもあります。現在のケアマネジメントの実践的課題は，次の５つに分類することができます。
　①　利用者の状況として，重度化や認知症，ターミナルケアなど複雑にからみ合ったニーズがあったり，本人の希望や介護家族の意向，専門職の方針との間にズレが生じたりしている場合にいかに対処するか。
　②　ケアマネジャーの状況として，ケアマネジメント力が不足していたり，介護・医療等に関

する専門的な知識・経験が未熟であったり，ネットワークや多職種連携などの組織的な基盤をもたない場合にいかに対処するか。

③　サービス提供の状況として，サービス提供事業の質・量が不足していたり，連携が取れていなかったり，困難ケースに対応する態勢が取れていない場合にいかに対処するか。

④　地域の状況として，フォーマルには多職種を含む社会資源の連携が取れていなかったり，インフォーマルには地域の組織化が進まず，住民同士の支え合いの拠点（居場所づくりなど）ができていない場合にいかに対処するか。

⑤　介護保険制度の状況として，多様化しているニーズに応じた制度設計ができていなかったり，制度の改定に伴う態勢が取れていないなどの基盤整備が不十分である場合にいかに対処するか。

　いずれも抜きさしならない課題ばかりです。アセスメントの観点から先の①②の状況を見ても，その状況が生まれる背景には，アセスメントが徹底できず，ニーズの把握とそれに即応したサービスを組み立てることができず，それゆえに信頼性の高いチームケアを整えることができないということがあります。そうした諸課題を理解しながら，もし適切にアセスメントを活用することができれば，利用者のニーズを正しくとらえ，それにふさわしいサービス資源につないでいくことができるのではないかという可能性を高めていくことができるはずです。

　制度が施行されてより，扇の要としてのケアマネジャーが利用者のために制度等を適切かつ有効に活用することは専門性の基本です。その基本から見た時，上記の課題をどう理解すればよいか，詳しくコメントしておきましょう。

　①の課題について，どのような厳しい状況や重篤な状態においても本人支援つまり本人の〈意思〉をどのように理解するか，が最優先です。「その時」「その場面」での〈意思〉も大切ですが，その背景にある本人の生活史や嗜好・行動特性等を知ることで，より正しくとらえることができます。言うまでもなく，認知症等があるからといってすべての能力がなくなったわけではありません。情報処理能力やコミュニケーション能力が減退したために一つひとつのことが決められなくても，その能力を補う（本人に適した意思疎通を工夫する）ことで他の事柄について判断することはできるのです。認知症支援でのバリデーションやユマニチュードなどはよい例示です。

　②の課題について，「地域包括ケア」の実現が保険者（市区町村）の共通主題になっている今日，ネットワーク形成や多職種連携はケアマネジャーの必須の要素です。とりわけ医療・介護の連携はもっとも重要な課題となっています。例えば昨今の医療ニーズの高い項目を挙げれば「脳血管障害」「生活習慣病」「認知症」さらには「悪性新生物」「呼吸器疾患」など12項目です。他方，医療措置を必要とするニーズとしては「在宅における透析」「人工呼吸器の管理」「経管栄養の管理」「褥瘡の処置」など14項目，ハイリスク状態としては「ターミナル期」「肺炎・誤嚥性肺炎」「脳血管障害の再発歴」など15項目が挙がります（日本介護支援専門員協会『医療ニーズが高い利用者に対する地域における支援（特に訪問看護）に関する調査委託事業』2010年，参照）。

　重篤化したり，要介護度の高い利用者の状況は多様なニーズを含んでおり，複数の医療・介護のサービスを利用することからすれば，医療・介護それぞれの利点や視点をつなぎ，必要に応じて「サービス担当者会議」「地域ケア会議」等における迅速な協議と対応が求められます。日頃から他職種との「顔の見える関係」づくりを心がけ，「入院から在宅へ」の移行連携などの道筋を明確にしておくことも必要です。

　③の課題について，多様なサービスの質と量が利用者のニーズを満たすほどに適切に準備されるべきことは言うまでもありません。とは言え，実際には地域ごとの格差があり，サービス量の

不足もあるのですから，建前(たてまえ)どおりには進まないことも多々あります。他方で，ケアマネジャーの視点からは，例えば利用者・家族への説明不足あるいは理解不足であったり，利用者の状況をしっかりと把握していなかったり，サービス提供者との間で利用者に関する情報が共有化されていなかったり，と改善すべき余地(よち)は数多くあります。利用者の要介護度や疾病についての専門職側の思い込みが強ければ，利用者・家族の個別の感情や希望は後回しになります。いつも利用者等の立場に寄り添い，代弁していくことがケアマネジャーには期待されています。

④の課題について，地域包括ケアが保険者（市区町村）の大きなテーマとなっている今日，フォーマルには医療・介護の一体的な連携体制の構築は差し迫った課題であり，インフォーマルには地域住民による支え合い態勢を根気強く育てていく取り組みが求められています。ケアマネジメントにとっても関係の深い課題でもあるのです。

最後に，⑤の課題については，介護保険のもつ制度的な限界や歪(ゆが)みは，常にケアマネジャーの相談支援上に生起する大きな問題でもあります。独居や老々の世帯，認知症，高齢者虐待(ぎゃくたい)，生活困窮(こんきゅう)など，制度のはざ間(ま)で十分に応えきれていない生活課題が山積(さんせき)しています。介護の市場化によって介護ビジネスの量は膨(ふく)らんできたとは言え，これが利用者の声（ニーズ）を反映しているとは言いがたい面もあります。他方，報酬単価等の変更や保険料の負担増などは，政策レベルの判断がそのまま介護現場に影響してきます。それでもなお，ケアマネジャーの目前には支援を求める利用者の重いニーズがあり，制度を有効に利用しながら利用者の暮らしに見通しをつけていく役割が求められています。

2　アセスメントの視点 ―ケアマネジャーの専門性の拠(よ)りどころとしてのアセスメント―

周知のように，ケアマネジメントが導入されてより今日まで，およそ10種を超(こ)えるアセスメント・ツールが開発されてきました。個々のツールを挙げるまでもなく，その必要性は前述のとおりですが，それだけで十分とは言えませんでした。というのも，ケアマネジャー資格の背景に豊富なキャリアがあるとしても，ケアマネジメント技法を体系的に習得する機会はほとんどなかったからです。それゆえに，どのような専門的な基盤があろうとも，経験年数（キャリア）がどれほどでも，等しく同じアセスメント結果が得られるように，詳細な指標化・項目化あるいはフローチャート化が進みました。つまり，あらかじめ用意された項目に基づいて質問し，その回答を順次チェックしていくと自(おの)ずとニーズが得られるというアセスメントシートが拡がっていきました。

しかし，この方法がもたらした問題としては，以下の点を指摘できます。

① 「はじめに利用者ありき」という援助の始点があいまいになります。はじめからチェックの指標・項目に頼り，その枠組みでニーズをとらえようとします。
② 利用者等との相談面接の質を高めることにつながりません。相談支援とは，利用者等の生の声や感情などを直接的に理解することから始まります。チェックすることはあくまでも手段でしかないのです。
③ 利用者等の生活の場をとおして得られた多様で特性のある情報を均一化する危うさがあります。利用者の声（語り）は，個別具体的な内容に富んでいます。個人の内面から生まれた主訴は，時に気まぐれや場あたり的に感じられても，利用者を理解していくうえでとても大切な情報です。データとして客観化（均一化・平均化）することが目的ではないのです。

④　ルーティン化したアセスメント過程（データや資料）に頼ることで専門的判断力を鈍らせます。対人援助の専門職は，一方で，専門的な知識・技術をとおして利用者の抱えた「問題」を客観的な基準に基づいて判断する必要があります。他方，個々人の人生や生活を尊重しつつ，利用者の語る体験や物語を質的に理解していくことも必要です。

⑤　アセスメント結果（ニーズ）に対する見通しとその根拠が不明確になるおそれがあります。一見すると，指標や基準に基づいてこそエビデンス（根拠）だと言えるかもしれません。根拠に基づく「診断」は必要ですが，利用者等の生活実態はたえず変化し，それに応じてすぐさま支援の変更をしなくてはなりません。実態からかけ離れたデータ依存は，見通しを誤ることにつながります。

　最近では，「アセスメントしないケアマネジャーが増えている」という叱正が聞こえてくるようになりました。問診も検査もしない医師が想像できないように，アセスメントはケアマネジメントの原点であり，ケアマネジャーの専門性への信頼の源です。

　アセスメントを踏まえることで，「経験と勘」だけに頼ることなく，利用者等の置かれた状況を先入観なしに理解し，複雑にからみ合った主訴や原因の中に，「真の（諸）問題」を見いだし，これを整理・分析することで，多様なニーズを抽出することができます。これを「ニーズアセスメント」と呼ぶこともあります。

　そもそも「ニーズ」とは，生活や人生を形づくる基本的な要件が何らかの事情で満たされない状況において，解決・改善すべき課題を意味しています。主訴（困っていること）として顕在化している状況のみならず，未だ潜在化して見えていない原因もあります。アセスメントとは，こうした状況や原因を身体面，心理面，生活面（生計も含む），疾病状況あるいは家族関係，地域とのつながり等のフィルターにかけて，「ニーズ＝真の問題」を浮き彫りにしていきます。このニーズこそ支援しなければならない主題だと言えますが，その過程では利用者の主訴に真摯に耳を傾け，信頼を深め，協働して取り組んでいく関係を醸成していくことが求められます。

　省みれば，ケアマネジメントが支援方法として本格的になった2000年代あたりでは，「問題指向」的アプローチが強く，利用者等の「問題探し」としてのアセスメントが一般的でした。その発想からすれば，障がいの部位や疾病の原因に注目して，これを緩和するか治療するか，あるいは心身の能力低下や不自由さを補う手段（介護）を提供するか，ということが主たる関心事でした。アセスメント項目もまた「できる─できない」の２項関係だけが問われていました。

　ＩＣＦ（国際生活機能分類）が導入されて以降は，目標指向的アプローチつまり生活課題を抱えつつも利用者等がどのような生活や人生を過ごしていきたいか（望む暮らし）という目標を軸にしてアセスメントしていく方向に大きく転換してきました。

　周知のように，ＩＣＦは，障がいを「（心身）機能」や「能力」のレベルでとらえるのではなく，生活機能としての活動・参加をうながすことで生活の質（ＱＯＬ）を高めていくことに力点を置きます。つまり心身機能の回復を優先させるよりも，たとえ疾病や障がいがあっても，さまざまなサービス等を活用し，福祉用具等を用いて環境を変えることで，生活（機能）を維持あるいは向上させていくことを重視します。

　こうした背景や方向性に照らして考えてみると，ケアマネジャーの専門性を確立していくうえで，避けてとおれない取り組むべきポイントが見えてきます。その枠組みは，縦軸に医療・介護・保険等の制度的対応，横軸に利用者・家族等との相談・支援の関係，そして奥行きとしてケアマネジャーとしての資質や適性，能力等の専門性があります。一人ひとりのケアマネジャーがその専門性を発揮し，利用者の信頼関係を深めていくために，以下，いくつかの基本的なポイントを

挙げてみましょう。

① 「利用者本位」のアセスメントを大切にすること。

利用者等の意向を尊重し，利用者のニーズを優先することです。ケアマネジャーの専門性は，利用者等のニーズとサービス等のシステムとのはざ間をつないで，これを支援のプログラムとして組み立てることです。ニーズに対してサービスがいつも対応しているとは限りません。プライバシーにも深くかかわっていきます。だからこそ，アセスメントをとおして支援プログラムを複眼的に検討し，可能なかぎり利用者の安心と利益を担保することに最善を尽くさなければなりません。

② 「インテーク（初回の面接）力」「コミュニケーション力」を高めること。

利用者が伝える表情や言葉，想いや意味を引き出していく力です。アセスメントのポイントは，「その人らしさ」を聴き取ることです。要介護の状況は，利用者をパワーレス状態に陥らせることもまれではありませんし，「声」を挙げようとしても，自らの状況を適切に具体的に語ることは容易ではありません。言葉にならない想いを理解するためにも，インテーク（初回の面接）段階から利用者等の「声」を聴き取っていく関係づくりが不可欠です。

③ 課題をとらえる「情報」を大切にすること。

時折ケアマネジャーから記録すること（書くこと）が苦手という声があります。利用者等が提示する「情報」を適切に記録することは，利用者等の生活史や生活環境を知ることのみならず，一人ひとりの異なった人生の暦をめくり，意味を紡ぐ営みです。「情報」には，ラテン語で「心のかたち」（infomatio）という意味があります。客観的な分析のための「資料」づくりではなく，利用者の主観（想いや願い）を理解していくための情報こそ，大切な記録なのです。

④ 「課題分析力」を身につけること。

課題分析あるいはニーズ把握は，ケアマネジメントの必須の専門的技法です。「困りごと」がニーズであると誤解しているケアマネジャーも少なくありません。しかし，困りごとの背景には，利用者・家族もわからない，気づかない原因や課題が隠されています。課題分析をとおして，利用者等に状況理解をうながし，これからの暮らし方を一緒に考えていくこともケアマネジャーの専門性です。医療・看護，福祉・介護等の専門的な知見も援用しながら，必要なサービスを調整していくことが期待されています。

⑤ 「アカウンタビリティ（費用対効果の説明責任）」を心がけること。

アカウンタビリティという言葉は，サービス等を利用して得られる「費用対効果」つまり費用負担に見合うサービス効果が得られるかどうかについて，可能なかぎり見通しをもって説明していく責任があるという意味です。

ケアマネジャーの役割を称して「ゲートキーパー」（門番）という表現が使われることがあります。その意味には二面あり，一方は例えば介護保険サービスの「適正給付」を効率的に調整する役目であり，他方は利用者等のニーズに応じて必要にして十分なサービスを組み立てる役目です。

前者を「サービス主導」，後者を「ニーズ主導」と呼ぶことができます。両者ともにケアマネジャーの主たる役割です。ただし，制度が改定される度に，ケアマネジャーは利用者のニーズとの間で板挟みになることもありますが，何よりも基本的な姿勢は，利用者に対するアカウンタビリティを果たし，利用者等の理解（納得）と信頼を得ていくことです。

ケアマネジメントの過程を整理してみると，以下の通りです。

第一は，ケアマネジメントの専門職として，利用者の要介護状況とそこから引き起こされる生活上の問題をとらえ，解決・改善の道筋をつけることです。

　第二は，利用者等の意向を受けとめながら，在宅であっても施設であっても，ケア（＝サービス）に支えられながら自らの生活を回復・再生していくためのプラン（プログラム）を作ることです。

　第三には，支援が短期的のみならず長期的な展望を伴うものであるとすれば，利用者等の介護と生活を継続的に実現していく包括的支援を不断に試行していくことです。

　言うまでもなく，アセスメントとは，こうした過程を展開していくうえでの確かな根拠（エビデンス）を導き出す技術です。言い換えれば，アセスメントによって以下のことが可能になります。

① 　ケアプランを作成していくうえで，ニーズを導き出すための判断根拠を明確にすることができます。ニーズとは「できない」「できなくなった」ことの単なる補完でも代替でもありません。ニーズを導き出すことによって，生活を再生あるいは新生することでもあるのです。

② 　利用者・家族に対する説明根拠になり得ます。アセスメントの過程には必ず利用者・家族等の参画や承諾が不可欠です。ニーズが何かの根拠を示すことで，利用すべきサービス等が理解できるのです。

③ 　ケアカンファレンス（サービス担当者会議など）において支援根拠を抽出することができます。多職種連携の場としてのカンファレンスにおいて，利用者等の立場に立って支援のメニューやプログラムを提示するのはケアマネジャーです。多様な専門職が同席する機会だからこそ，説得力のあるデータを示す責任があるのです。

　前述のように，既存の多くのアセスメントシートは，いずれにしてもこうした「根拠」を明確にするための試みにほかなりません。顧みて，ケアマネジメントを構成する多様な専門職すべてに共通するシートを作成することの難しさを痛感します。しかしながら，アセスメントすることの意義を確実にしなければ，ケアマネジャーの専門的な信頼性はあり得ないとすれば，アセスメントをその専門性の拠りどころとして，その試行は不断に続けられなければならないと言えましょう。

3　アセスメントシートの特性

　本書において，あらたに提示した愛介連版アセスメントシートのねらいは，利用者（とその家族）を，分析的断片的にとらえるのではなく，包括的継続的に描いていくことにあります。すなわち，「介護を要する者」の支援を前提にするのではなく，「老いを生きる者」としての「生活の目標」や「人生の希望」を大切にし，それらを含み込んだアセスメントを実現することにありました。

　従来のアセスメントシートの反省点を活かし，縦軸から横軸に進めていくと，そのまま自動的に回答が示されるようにはなっていません。むしろ基本的な枠組み（項目）を活かしながら，面接やコミュニケーションをとおして，つまり利用者との直接的なかかわりをとおして，利用者の実相をつかむために，利用者の語りや情報をメモ（記録）していくと，徐々に諸課題が浮かび上がってくる，あるいは全体像がつながって見えてくるという仕組みになっています。

　横軸に示した諸概念（33ページなどを参照）とそのつながりは，「ライフケア（いのちと暮らしのケア）」のための必要最小限の過程として組み立てたものです。

　他面，このシートは，あくまでも居宅サービス計画書の第1表，第2表につないでいくための道具にすぎません。時に多様な，時に寡黙な利用者等の語りを，そのまま直接に各表に記すこと

は容易ではありません。ましてや「総合的な援助の方針」としてまとめることはさらに難しい作業となります。それゆえに、第1表、第2表に記録する前段の作業として、このシートを活用することでアセスメントの視点と課題分析の見通しを得ることができ、さらには利用者像をトータルに描くための助けとなるのです。

活用上の特長を挙げるならば、

一つは利用者等との対話を深めることです。

二つには「問題」や「解決策」を探るだけではなく、利用者の生活像をあるがままに描くことです。

三つには「課題から目標へ」の道筋を明らかにすることです。

ついついアセスメントは、利用者等の問題点を明らかにする、状況を評価するといったことにかたよりがちですが、本来の役目は利用者に寄り添い、心身の要介護状況を理解し、生活の諸課題を詳らかにしながら、「今後に望む生活」の実現に向かって協働して取り組むための作業なのです。

グループ化	分析項目	以前の生活を踏まえた今の暮らし（原因背景を捉えて今の暮らしを考える）	生活に対する意向（本人・家族の意向）	予後予測・リスク	多職種の意見（社会資源・情報を含む）	課題の整理	生活目標（私の望む生活像）	優先順位	生活全般の解決すべき課題（ニーズ）
①健康指標	健康状態（身長、体重、生活習慣等）								
	じょくそう・皮膚の問題								
	口腔衛生								
②行為	ADL（移動、入浴、更衣、整容等）	日常生活自立度：							
④介護力指標	居住環境								
	介護力								
	特別な状況								

課題分析項目（課題指向）
※厚労省の「課題分析標準項目」（14項目）に基づいている

課題分析をニーズにつなげる6つの段階（目標指向）

さて、アセスメントシートのポイントは、上の図のように縦軸として課題分析項目を配置し、横軸には課題分析をニーズにつなげていくために6つのステージ（段階）を設けていることです。

愛介連版アセスメントシートの縦軸

縦軸は、「課題指向」を軸としています。これは「課題分析標準項目」（厚労省老健局）が示す14項目を挙げています（後述しているように、「問題行動」のみ「ストレングス（強み）」に改称しています）。課題指向とは、要介護状況を作り出している「課題」を客観的・分析的にとらえていくことがねらいです。例えば一口に「全介助」「一部介助」といっても、その内訳は多様です。そうした介助状態を作り出している原因や条件などを整理し、「課題」レベルでのアプロー

チのポイントを明確にしておくことです。

それゆえに，項目（＝課題）をランダムに並べるのではなく，関連する項目ごとに①健康指標，②行為指標，③関係指標，④介護力指標，という4枠で括っています。こうすることで，項目（課題）間の関連性やまとまりを理解することが容易になります。

後述するように，
① 健康指標では健康や疾病に関する状態像
② 行為指標は日常生活動作に関する自立の程度
③ 関係指標では他者や地域とのコミュニケーションの程度
④ 介護力指標では環境や介護力の程度

を把握します。

いわゆる「課題整理総括表」（平成26年3月，厚生労働省）においても，「自立した日常生活の阻害要因（心身の状態，環境等）」として「課題分析標準項目」をおおむね踏襲しています。そこではまず「状況の事実」の「現在」を把握するために支援状態をさらに細分化したものを示しています。同時に，アセスメントに際しては「より根本的で重要な要因」をケアマネジャーの判断で「6項目程度」に絞り込むことが提案されています。絞り込みの発想は，上述の①〜④の4つの指標枠とも重なってくると考えられます。各指標枠において，何が重要であり，何を優先すべきか，の判断の目安として課題分析項目の順序を活用することができます。

指標	優先順位
① 健康指標	・健康状態　・じょくそう・皮膚の問題　・口腔衛生
② 行為指標	・ＡＤＬ　・ＩＡＤＬ　・食事摂取　・排尿・排便
③ 関係指標	・認知　・コミュニケーション　・社会とのかかわり　・ストレングス（強み）
④ 介護力指標	・居住環境　・介護力　・特別な状況

愛介連版アセスメントシートの横軸

横軸は，「目標指向」を軸としています。目標指向とは，ＩＣＦが導入されて以降の一つの大切な考え方です。つまり，心身の状態像（疾病レベル）にのみ着目するのではなく，利用者の生活機能つまり「生命」「生活」「人生」の3つの視点から利用者（本人）の全体像を明確にすることです。

生命は心身の状態ですが，生活は活動（行為），人生は参加（関係）と言い換えることができます。どのような要介護の状態にあっても，ひとは活動や参加を指向して自分らしい生き方・暮らし方を求めます。もし活動や参加が難しい局面があるとしても，疾病レベルにその原因を返すのではなく，支援の諸条件（活動制限・参加制約）や生活環境を変更・修正することで，この局面を改善・向上させていくことができます。目標指向とはこうした視点や取り組みを意味しています。

さて，横軸についての概略を説明しましょう（詳細は後述します）。

まず①利用者等の生活状況【以前の生活を踏まえた今の暮らし】と②状況理解【生活に対する意向】を把握します。

①はその人なりのライフステージを振り返り，現在の暮らしの成り立ちを理解することです。

②は利用者（家族）が現在の要介護状況をどう理解し，これからの生活に対してどのような考えや想いをもっているか，を明らかにします。

ついで③今日から明日への見通し【予後予測・リスク】を，促進要因（＋）と阻害要因（－）の両面から整理します。「予後」とは，施療後(せりょうご)の状態像がどの程度回復するかという見通しのことです。リスクとは，現状が変わらなければ状態像が悪化する可能性があるかどうかを指しています。

④【多職種の意見（社会資源・情報を含む）】を参考にして，それまでの情報やデータなどをもとに⑤【課題の整理】を行います。

④は支援に直接・間接に関係する多様な専門職の所見や展望，日常的に活用できる地域のフォーマルあるいはインフォーマルな諸資源と関連する情報を整理することです。⑤は①～④までの過程をとおして得られた情報やデータ等から，利用者等の現状がもつ課題を把握することです。この作業過程から支援のポイントが見えてきます。

言うまでもなく，⑤の課題とは，「問題点」や「短所」を挙げることだけではなく，たとえ要介護状態であっても利用者が自らの生活や人生に前向きに取り組んでいくための「ねらい」や「条件」について考察することです。つまりネガティブコレクト（消極的改善）からポジティブアシスト（積極的支援）への視点を大切にすることです。

それによって利用者の⑥【生活目標（私の望む生活像）】が見えてきます。その裏付けがあればこそ，生活目標はより具体的で実際的な内容になります。

生活目標がとらえられたならば，⑤の課題とのズレやギャップをとおして，⑦【生活全般の解決すべき課題（ニーズ）】が浮かび上がってきます。

つまり「その人らしく生活するため」に取り組むべきニーズが明確になってきます。ニーズには，課題の整理から見えてきた具体的かつ実際的な内容のみならず，利用者等の希望が含まれていますが，あくまでも実現可能な内容でなければなりません。実現可能な諸条件や展望を踏まえて，短期目標や長期目標が設けられていきます。

周知のように，居宅サービス計画書（第2表）において，いまもってケアマネジャーから「短期目標」や「長期目標」がわかりにくいという声が聞こえてきます。短期目標は，サービス（ケア）をとおして可能となる「心身の回復」や「生活の改善」の個別具体的な目標です。長期目標は「自分らしい生活像」や「生きる目標」につながる明日の目標であり，見通しをもって取り組むべきテーマが挙がります。

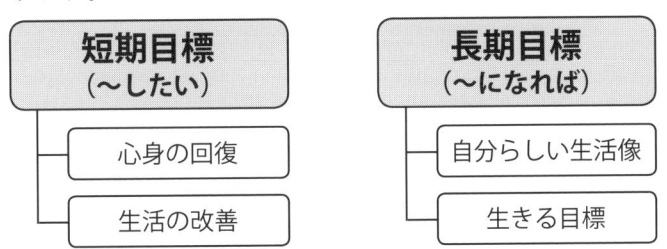

```
短期目標             長期目標
（～したい）          （～になれば）
  ├ 心身の回復         ├ 自分らしい生活像
  └ 生活の改善         └ 生きる目標
```

アセスメントシートの記載では，必要にして十分と判断した項目について記入することが求められており，すべての項目（縦軸）について記入する必要はありませんが，各ステージ（横軸）については可能なかぎり記入（記録）することが期待されます。

以下，その内容を説明いたします。

4 「課題分析項目」記入上の留意点 —アセスメントシートの縦軸—

① 健康指標

【健康状態】
　健康とは身体状態のみではなく，こころの状態，生活スタイルや生活状況にも眼を向ける必要があります。とりわけ病等がある場合には，既往歴，主たる症状，疼痛の状態を正しく把握したうえで，本人の病識（自分が普通でなく病気ではないかと自覚すること）について理解することが大切です。

① 現在の心身の健康状態（症状・障がい），自覚症状などを把握します。
　例：医師等の治療方針や治療内容を把握します。疾病等に対する本人の意識，日々の健康状態について気になっていること，こだわっていることがあるかどうか。
② 受診状態を含めて既往歴の確認，服薬等の管理を記録します（重篤な末期がんや認知症などの高度な医療ニーズがある場合はそのレベルや対応を明記します）。
　例：これまでの経過，受診状況，服薬管理など，必要な医療情報の整理とニーズの程度を把握します。
③ 健康管理にかかわる日常の生活実態，療養生活に対する家族関係（かかわり）の様子について理解します。
　例：健康（疾病）につながる生活習慣の具体的な様子，利用者の疾病等に関する家族の理解と意識などを把握します。

【じょくそう・皮膚の問題】
　もともと高齢者の皮膚はデリケートで傷つきやすいものです。自力で体位変換ができない中で，栄養状態が悪化したり，服薬等で免疫力が低くなったり，排泄物・汗などで長く湿っていたりすると，じょくそう（縟瘡；とこずれ）が起こりやすくなります。他方，家族介護力が低い時には，皮膚の赤みやぬくみなどの兆候に気づくことが少なく，結果としてじょくそうを予防することが難しくなります。その両面から観察することが大切です。

① じょくそうの有無や皮膚の清潔状態を把握します。
　例：体位変換の様子，栄養状態や皮膚の状態をできるだけ正確に観察します。
② 身体状態や入浴等の生活スタイルを把握します。
　例：清拭や入浴等による保清ができているかどうか，排泄物や汗などによる不衛生な状態があるかどうかを確認します。
③ 家族の介護力や介護スタイルを把握します。とりわけ，老々世帯や昼間独居などの場合には，本人のみならず家族等の日常生活の様子に目を向けてください。
　例：介護力の程度や生活の様子，じょくそう等に対する理解やこれを防ぐ介護の仕方について家族が関心や認識をもっているかどうかを確認します。

【口腔衛生】
　介護上でもっとも見逃しやすい項目の一つです。歯磨きは日常的に繰り返し行うことであり，その後の心地よさを誰しも知っています。しかし，寝たきりや麻痺などがあると，こうした口腔

（歯や口の中）の清掃が疎かになります。歯磨きが適切に行われていれば肺炎の誘因を半減させることができるという報告があるほどです。さらに，口腔内の状態（例えば歯肉炎）によっては，嚥下のみならずコミュニケーション上の困難さを引き起こすほどに重い生活障がいにつながります。とは言え，食物残渣や歯垢・舌苔などの除去は高度な技術でもあり，歯科医や歯科衛生士等の協力を欠かすことはできません。

① 歯や口腔内の状態を把握します。
　例：食事摂取面だけではなく，その後の歯磨きなどができているかどうか，口腔内に炎症や痛みがないか，歯ブラシが適切に管理されているかどうか，会話等に支障がないかなどについてていねいに観察します。口臭等の状態をとおして，口腔内の衛生も確認します。

② 食事摂取上の課題や嚥下障害などの状態像を把握します。
　例：心身の状態に応じて嚥下障害の程度は大きく変わります。家族からも適宜状態像を聴取し，必要ならば専門的な助言・指導につなげていきます。

③ 歯科的な治療や経過などの情報，認知や誤嚥性肺炎等の所見を把握します。
　例：口腔ケアの効果は，単に口腔に留まりません。生活習慣病，認知症状や肺炎等の疾病予防につながっています。歯科医等の連携や情報が必要となります。

② 行為指標

【ADL（日常生活動作）】

介護上でのもっとも基本的な項目であり，日常生活における行為つまり食事，排泄，整容（身支度），入浴，移動あるいは寝返り，起きあがりなどの様子です。どの程度自立して行うことができるか，本人の状態像のみならず，生活環境にも注意し，例えばバス・トイレの利用環境も考慮しつつ判断します。

① ＡＤＬ（移動・入浴・排泄・更衣・整容等）の状態像を把握します。
　例：好き嫌いも含めて食形態（刻み食など）などを含む食事の様子を観察します。着替え・整容ができているかどうか，排泄・入浴がスムーズにできているかどうか把握します。

② 利用者・家族をとおして普段の生活の様子や課題に関する情報を把握します。
　例：日常的に継続している行為やあきらめている生活動作など。「できる」「している」範囲がどこまでなのか適切に理解します。

③ 「実行状況（していること）」「能力（できること）」（ＩＣＦの概念）の分析をとおして維持・改善につながる支援を見立てます。
　例：単に「できないこと」「していないこと」に注目するのではなく，環境により「できないこと」，福祉用具があれば「できる」ことなどを個別具体的に把握し，今後の改善の方向性などを確認します。

【ＩＡＤＬ（手段的日常生活動作）】

日常生活を形成していくための手段や道具，能力の状態で，買い物，洗濯，掃除などの家事，金銭管理や服薬管理，外出などを挙げることができます。家事全般には高い技術が必要であり，これが整えられているかどうかはＱＯＬ（生活の質）に深くかかわっています。

① ＩＡＤＬ（調理・洗濯・掃除・買物等）の状態像を把握します。
　例：現在の心身の状態のみならず，生活習慣などの様子からも家事全般やそのレベルを的確にとらえます。

② 利用者の普段の生活リズムや習慣を理解します。
　　例：家事はきわめて個性的なものですので，本人なりの調理・洗濯などに対するスタイル（こだわり）などを理解します。
③ 福祉用具などによって「能力（できる行為）」を高めるための支援を見立てます。
　　例：心身の状態や生活環境によって「できない」ことでも，福祉用具等の利用によって可能になることが多くあります。生活の状況における福祉用具等の効果などを把握します。

【食事摂取】
　言うまでもなく食事とは生きていくための栄養補給だけではなく，生きる意欲や愉しみ，張り合いにもなります。いわゆる「口から食べる幸せ」とも言えます。誰と一緒に食べているか，楽しい雰囲気か，体調はどうか，どんな嗜好なのか，なども食事に対する意欲につながっています。心身の状態像を理解しつつ，意欲等につながる条件や内容になっているかどうかを把握します。
① 食事を取るうえでの心身の状態像や疾病，栄養状態や水分摂取について把握します。義歯（入れ歯）や嚥下・咀嚼などの口腔内の清潔状態も確かめながら，スムーズに経口摂取できる食事環境かどうか把握します。
　　例：食事摂取における心身の状態像，咀嚼や嚥下などの口腔の状態を把握します。パーキンソン病やリウマチなどの疾病がある場合は振戦（震え）や握力低下などの摂食動作を確認します。
② 調理等の食事方法や形態，食事介助等の実態を把握します。基本は経口摂取ですが，場合によっては嚥下食などの工夫も必要です。
　　例：食欲を引き出すために食事内容を工夫し，調理や味付けなどのバランスを整えることが大切です。独居や老々の世帯ではそうした態勢を取ること自体が難しい面もありますので，生活能力やレベルも確かめます。
③ 食生活上の困りごとの原因・背景あるいは生活習慣病等の状態像を把握します。
　　例：家族介護や生活環境の様子に留意しつつ，食生活上の課題を明らかにします。食事介助が伴う場合には調理法や介護力などを高めていく支援が必要です。糖尿病等による食事の指導・制限がある場合には，適宜医療的ケアにつなげていきます。

【排尿・排便】
　排泄等はもっとも尊厳にかかわる項目であると同時に，日常生活のもっとも深刻な心配の一つです。これを困りごとにしないで，自立に向けて可能な条件を整えていくことがポイントです。排泄は，単に生理的な感覚に留まらず，生活上にさまざまな影響を及ぼします。歩行や自力移動，衣服の着脱に困難があればそれだけで排泄することが難しくなります。頻尿や失禁などの症状があれば，介護の負担を重くすることもあります。他面，トイレ等の環境のありようによっても，困難さの度合いが変わってきますので，こうしたチェックを欠かすことはできません。
① 排泄等に関する健康状態やＡＤＬの状況を把握します。単に心身状態の善し悪しだけではなく，飲食や活動（行動）などの生活習慣によっても影響は異なります。
　　例：尿意等の排便コントロールのレベル，尿漏れや失禁などの頻度や程度を把握します。過活動膀胱（切迫性尿失禁）などがある場合は治療的な対応が不可欠です。また一日の生活リズムや生活習慣の情報も確認します。
② 排泄等にかかわる生活環境や介護力の状態を把握します。トイレの使いやすさだけではな

く，そこまでの距離や段差，手すりなどの有無なども確かめます。
例：トイレ等の使いやすさも含む環境条件を適切にチェックします。排泄等に関する家族の理解と支援も不可欠です。排泄間隔の把握やトイレ誘導など，とくに夜間頻尿などがある場合におむつを使用していても，本人・介護者の負担や睡眠不足が生じる原因になりますので専門的な助言が必要です。

③ 排泄等の課題に関する利用者等の自立意欲，維持・改善の意向等を理解します。利用者が廃用性症候群になりやすい原因の一つが，排泄です。おむつ使用やポータブルトイレ利用は便利ですが，あくまでも対症療法的でなければなりません。
例：排泄は待ったなしの生理現象ですので，これを困りごとにしないために，排泄に関する利用者等の想いや意向を聴取しておくことが大切です。認知症のために失見当識などがある場合は，家族等によるトイレ誘導（排泄信号のキャッチ）やわかりやすいトイレ環境の工夫などが求められます。移動能力などの状態像も把握し，排泄に伴う一連の行為を家族とともに確認し，課題点などを洗い出してみることも有効です。

③ 関係指標

この指標においては，とりわけ認知症とその家族を地域支援の視点からとらえていくために「エコマップ」が有効です（第3章-1，49ページ参照）。エコマップは「社会関係地図」とも言われます。利用者とその家族がもつ潜在的な関係を浮き彫りにし，顕在的な課題をつなぎ合わせることで，社会環境（人間関係の濃淡，資源等とのつながりの強弱，あるいは介護サービス等の不適切や欠損など）を客観的次元においてとらえることができるからです。

一般的には利用者や家族が参画して作成する場合も多いのですが，その場合は利用者等の主観的次元（感情などの心模様や家族関係などのプライバシー）に対する理解と細心の配慮が求められます。

【認知】

この項目は，認知機能の低下（物忘れ・認知症）等の詳細を記入するためにあるようですが，大切なのは日常の意思決定を円滑に行っていくために，利用者の人間関係を調整し，生活環境を整えていくことにあります。実際，老化に対する不安や心配，疾病・服薬や睡眠不足が認知症状を生み出すことも少なくありません。利用者の日常生活を観察しながら，日中の活動などに対する関心や意欲，行動の特性，他者とのかかわりの様子などを理解し，日常生活を本人らしく過ごしていくことができるかどうか支援していきます。

① 認知機能の低下によって利用者の日常の生活障害になっている個別具体的な課題を把握します。
例：物忘れなどのために日常生活を送るうえで支障があること，気になっていることを把握します。認知症状によって意思決定や行動上の課題がある場合は，本人・家族等の了解のもとに対応を検討します。

② 認知症状に対応する介護上の課題を把握します。認知症状は利用者一人ひとり異なった様相であるとともに，介護家族にとっても個別の事情を抱えています。介護上の特徴や「できること」「できないこと」を適切に整理し，見通しを立てることが大切です。
例：認知症の人は，自分から心身の調子を整えたり，伝えたりすることが難しくなります。「問題行動」ばかりに眼を向けることなく，本人の思いを聴き取り，見守っていくため

の助言や支援を欠かすことはできません。
　③　利用者・家族の思いや状況理解の程度を把握します。本人のみならず，家族もまた認知症状に伴う理解や対応に困惑していることが少なくありません。
　　例：利用者の認知症状は多様です。利用者・家族にとって気になっている日常の課題や状態，家族の介護に関する考え方や介護力などを確かめ，気になっていること，支障になっていることを把握します。

【コミュニケーション】
　コミュニケーションとは，広く他者とのかかわりや環境とのつながりを意味しています。単に意思伝達の心身機能だけに留まるものではありません。聴く，話す，見る，伝えるなどの行為は，本人の意思や意識と深くつながっています。例えば聴きたいから聴くのであり，聞こえていても意識のうえでは聴いていないこともあるのです。その場面や状況の中で，想いを伝え合い，共にわかり合うための相互の働きかけがあればこそ，コミュニケーションは成り立っているのです。
　①　意思伝達にかかわる聴力・視力，言語力のレベルを把握します。
　　例：まずはコミュニケーションの状態を心身の生理的な機能レベルからとらえます。聴力・視力・話す力が老化や疾病によって低下していないかどうかを確かめます。生活環境との関係において聴力・視力などの低下が生活しづらさを招いていないか観察します。
　②　口腔機能や認知などコミュニケーション能力に関する状態像を把握します。
　　例：食（咀嚼）することと話すことはほとんど同じ口腔機能です。また聴いてくれる他者があれば話す能力は高まります。心理面での意欲や人間関係の様子などをとおして確認します。
　③　ひろく日常生活における人間関係などのコミュニケーションが取れているかどうか，その方法などが円滑になされているかどうかを理解します。
　　例：本人の慣れ親しんだ地域や家族等でのつながりを今後ともスムーズに維持することができるかどうか働きかけることも必要です。認知症状などがある場合はさらなる支援が求められます。

【社会とのかかわり】
　ひとは誰しも地域で暮らし，他者と交流し，自分らしい生活をつくっています。要介護になったとしても，その生き方・暮らし方をどう継続するかということは引き続いて大切なテーマですが，それでも孤独感や喪失感を拭うことはできません。だからこそ，少しでもかかわりを継続していくことで，「ふつうの暮らし」を継続したいと願い，そのための支援を求めているのです。
　①　要介護になる以前からの社会的な活動や参加の様子を聴き取り，その人らしい暮らしのスタイルやリズムを把握します。
　　例：ＡＤＬやＩＡＤＬの視点からだけではなく，本人の嗜好や関心などと関連づけながら，外出の機会や地域参加の意欲や状況などを理解していきます。また従来までの地域での役割やつながりなども参考にしていきます。
　②　生活環境の変化やこれまで大切にしてきた体験，かかわってきた地域の様子や状況について把握します。
　　例：要介護になったことで地域での人間関係や交流も変わっていきますが，本人にとってはそれが喪失感や孤独感につながらないように配慮していきます。中山間地域（平野の外

③　現在の社会的なかかわりの程度や意欲，地域での関係の様子を理解します。
　例：地域とのつながりは，生活や人生に深くかかわってきます。近所との関係が強く，町内会や老人会などの社会的活動をしてきた場合は，こうした関係性を活かしながらつながりを継続していくことができます。他面，そうでない場合には本人の意向なども尊重しつつ意図的に働きかける必要があります。

【ストレングス（強み）】

　通常は「問題行動（暴言暴行，徘徊(はいかい)，介護の抵抗，収集癖，火の不始末，不潔行為，異食行動等）」の項目です。「問題」という見方には，利用者の人柄や行動についてのネガティブなとらえ方が先行し，本人なりの意欲や希望などのポジティブな面が見えなくなるという危うさがあります。むしろ，個々人の意欲や活力，望みや姿勢を積極的に評価し，人間関係や環境との調整をとおして，要介護状態においても生活の改善につなげていく視点として，利用者その人がもつ「強み」という意味で「ストレングス（強み）」という言葉に変更しました。

①　要介護状態を作り出している諸課題を整理することで，そこから利用者の求める暮らし方への可能性を探ります。
　例：「問題行動」の背景にはさまざまな理由や原因があります。「問題」を抑制したり否定したりする視点からではなく，そうした「行動」に込められた背景や原因にも眼を向けましょう。

②　利用者・家族等の意向や価値観をとおして課題解決の道筋を明らかにします。
　例：利用者や家族のもつ「問題解決力」を把握します。生活を改善したり自立していくためには，当事者の「生きる力」を引き出すかどうかにかかわっています。自分らしい生活への意欲や取り組み，サービス利用への理解と協力は，効果的に支援していくための大切な契機です。

③　家族の思いや状況の理解を把握し，介護者のストレス・マネジメントを検討します。
　例：介護上に「問題」があれば，家族は大きなストレスを抱えることになります。介護に対して継続的に前向きに取り組んでいくために，また結果として利用者本人が「問題行動」を軽減・緩和して安心して暮らせるために，ストレス状況（何らかの対処が必要な状況）を把握し，家族の心情を理解しつつ介護ストレスの改善・緩和を図っていきます。

④　介護力指標

【居住環境】

　言うまでもなく在宅とは一人ひとり異なった環境であり，生活空間です。家屋としてのハード面は，通常は療養や要介護を想定して設計しておりませんので，万一の事態に対しては何かと不便を強(し)いられます。それでも心情的には長く親しんだ生活習慣などを変えることは容易ではありません。介護の便利さだけではなく，住む人の心情などを理解したうえで，明日の暮らしにつながる支援が期待されています。住宅改修や福祉用具などの有効な手立てを検討していきます。

①　利用者の日常生活の行動特性などを適切に把握し，生活動線も検討したうえで，居住環境の具体的な課題を把握します。
　例：長年住み慣れた家屋だとしても療養や介護のための空間になっていませんので，転倒や転落などの多くのリスクが散見できます。在宅生活のための環境やバリアなど，課題を

　　　　抽出します。
　②　現在のみならず，これまでの暮らし方や生活事情を理解します。
　　例：住環境は利用者・家族の生活感・心情と深く結びついています。落ち着きや安らぎをもたらす空間ですので，生活機能の便利さや経済的な理由から評価するのではなく，住む人のイメージや暮らし方に対する意向を確認することが大切です。
　③　生活動線（どうせん）や介護状況を考慮して，改善や改修できる居住条件や福祉用具の導入を検討します。
　　例：住環境は介護の質や介護力に大きく影響します。住宅改修の必要性，危険箇所等のチェックなどをとおして詳細に検討し，利用者・家族に対する「説明と同意」を図ります。

【介護力】
　要介護者にとって家族は物心両面での拠りどころです。とりわけ在宅の場合は，介護者の有無，介護者を含む家族等の理解や姿勢，介護負担の軽重，そして介護に関する知識・技術の有無などを的確に把握し，利用者のＱＯＬを継続・維持できるかどうかを判断します。介護力を見極めることはとても難しいことです。例えば「介護負担」ひとつを挙げても，介護者の心身の負担だけではなく，家事の負担，生計上の負担，就労等とのバランス，近隣との付き合いなども負担感の中に含まれるからです。虐待が懸念される場合の対応も検討しておきましょう。
　①　主たる介護者を中心に家族の心身の状況や介護力・家事力を把握します。
　　例：介護は24時間休むことのない繰り返しですので，主たる介護者の心身の状態はもっとも大切な課題です。必要に応じて家族全員の健康状況や協力態勢を確認します。家族を孤立させないためにも気分転換やリラックスするための情報提供も必要です。
　②　介護に関する知識・技術のレベル，支援の実態を把握します。
　　例：利用者に対する介護の知識・技術があれば介護負担を軽減するのみならず，介護力を向上・維持することができます。心理的なサポートのみならず，必要な介護方法についての情報提供（パンフレット等）を行い，緊急時などの対応方法なども工夫していくことで，介護の安心や理解にもつながります。
　③　介護者のストレスや負担感，介護に対する意思や姿勢などを理解します。
　　例：長期間にわたる介護の状況は，時として目標や意味を見失いがちになります。家族が気軽に苦労話ができるような家族としてのコミュニケーションをうながしていくことも大切です。もしストレスや緊張が高まっている場合は，必要なサービス利用をとおして改善・軽減できる方法等も検討します。

【特別な状況】
　介護ではいつでも生命にかかわる重大な支障や困難が生じます。独居や老々の世帯での介護は介護力不在の状況を作り出します。疾病や老化がターミナルケアを早めることもあります。認知症も含めて家族介護が困難になれば虐待にいたるケースもまれではありません。介護を受ける本人のみならず，家族の状況，利用するサービスの多寡（たか）（多い・少ない）や質の善し悪しなどに起因して，介護を深刻化することも少なくありません。「特別な状況」とは，個別具体的でありつつ重篤にして深刻な問題に対する支援を検討する項目です。
　①　「特別な状況」に対応する課題整理をします。
　　例：認知症や寝たきりなどの本人の個別的な事情，介護力の有無や不足による家族の事情，

生計などの経済的な事情，ニーズに対応する介護サービスなど社会資源の過不足，地域での見守りや安否確認等のインフォーマルな手助けの有無，などの諸課題を整理していきます。
② 本人・家族の意向を尊重しつつ，介護支援上での課題を把握します。
例：介護の状況が深刻であればあるほど，サービス（ケア）につなげるだけではなく，家族等の理解と協力によって問題の解決や改善にいたる道筋を検討することが必要です。認知症やターミナルケアなどに対するサービス提供においては，医療・看護等の継続的な支援や緊密な相談支援が不可欠です。
③ 在宅における重大な介護状況などに対する今後の対応策を検討します。
例：在宅でのターミナルケアは高度な医療ニーズ（病状対応，緩和ケアなど）があるだけではなく，家族のフォローアップも必要です。虐待等は家族との信頼関係を築くことで状況把握が容易になります。独居や老々の世帯では第三者が入ることに抵抗感がある場合もあります。それぞれの事情を適切理解し，複雑にからみ合った原因や背景がある場合には，多職種連携をとおして包括的継続的な方法も考慮していきます。

5　「課題分析をニーズにつなげる6つの段階」記入上の留意点　—アセスメントシートの横軸—

【以前の生活を踏まえた今の暮らし（原因背景をとらえて今の暮らしを考える）】

　利用者の生活像・人生像の全体イメージをとらえるための段階（ステージ）です。昨日（過去）から今日（現在）へ，そして明日（近未来）までの時間軸をとおして，利用者のライフ・ストーリー（物語）を描くことで，いま課題を抱えて生きる利用者の「その人らしい個性的であるがままの姿」（「実存」と言います）を理解することができます。

　要介護の状態を理解するためには，3つのことが必要です。
　①「今日」に生きる利用者等がもつ心情や状況に対する考え方を理解するとともに，要介護にいたる原因や背景，状態像を適切に把握することが必要です。
　他方，②「昨日」までの利用者の生き方・暮らし方が今日につながっていることからすれば，昨日までの暮らしぶりやその実態を，生活史及び家族史・職歴をとおして把握する必要があります。要介護という課題をとおして今日の状況から明日の可能性を探るためには，利用者が生活に対してどのような意識や意欲をもっているかという視点を欠かすことはできません。かつ，その根底にある利用者の人生観や価値観を理解してはじめて，利用者の想いに寄り添うアセスメントが可能になるのです。
　③「明日」の可能性つまり不安・不満，希望・期待は，現在の要介護の諸条件を踏まえながらも，昨日までの利用者自身の生き方・暮らし方を大切に聴き取ることから理解していくことができるのです。そのうえで今後の方針や目標を組み立てる必要があります。
　この段階（ステージ）では，あくまでも利用者の実像を描いていくことにねらいがあります。その実像は，いつも自信に満ちた幸せなイメージではないかもしれません。時に苦労や後悔，時に悲哀と別離であるかもしれません。利用者が語る言葉には，「生きることへの意思（死の受容も含めて）」が込められているということができます。それだからこそ，たとえ要介護状態にあっても利用者が「人生の主人公」として自立意欲をもって生きていくために，介護相談や介護サービスを効果的に活用していくために，利用者のもつ多様な暮らし方の実際をとらえ，家族関係や生活環境も考慮しながら，利用者に関する情報を適切にまとめていきます。

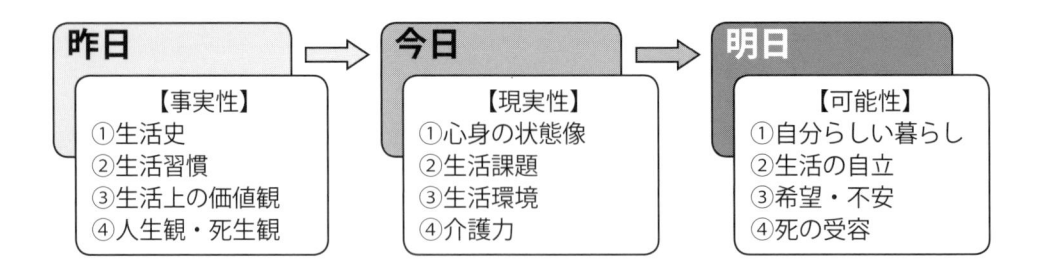

```
┌─────────────┐      ┌─────────────┐      ┌─────────────┐
│   昨日      │ ───▶ │   今日      │ ───▶ │   明日      │
│  【事実性】 │      │  【現実性】 │      │  【可能性】 │
│ ①生活史    │      │ ①心身の状態像│      │ ①自分らしい暮らし│
│ ②生活習慣  │      │ ②生活課題  │      │ ②生活の自立│
│ ③生活上の価値観│   │ ③生活環境  │      │ ③希望・不安│
│ ④人生観・死生観│   │ ④介護力    │      │ ④死の受容  │
└─────────────┘      └─────────────┘      └─────────────┘
```

【生活に対する意向（本人・家族の意向）】

　要介護状態になっても自らの生き方・暮らし方を「どうしたいのか」「どうなりたいのか」という利用者の意向を確かめることは，介護支援の基本です。「昨日」までの暮らし方の変更・修正を余儀なくされる時，その事態を理解し，これを受容して「明日」の生活をつくっていくためには，多くの課題に直面することになります。

　利用者・家族の不安やとまどいを理解しつつ，要介護状態を軽減・緩和していくためには，①必要にして十分な「情報」（知識・技術）を提供し，②利用者・家族の「声」にしっかりと耳を傾け，③利用者・家族がこれからの生活をつくっていくための情報を得て，介護サービス等を適切に「選択」できるように支援していくことが大切です。

　とは言え，利用者等にとってみれば，現在の状況を理解することも容易ではありませんし，自らの想いを「声」に出す（表現する）ことは勇気のいることです。情報があっても，いま抱えている状況や課題と関連づけて適切に選択することはとても難易度の高いことです。だからこそ，ケアマネジャーが利用者の声や情報，選択を代弁（アドボケイト）することが求められているのです。

　「意向」を確認する方法は，一般的には「聴き取り」ということになります。「こうありたい」「こうしたい」と語る利用者の想いや体験は，その人だけの「物語」です。そこには「こんなことがあった」「あんなこともあった」という事実だけではなく，「こうしたかった」「そうできなかった」という願望や後悔もまた含まれています。

　あるいは，言葉としては語られなかったけれど，利用者の抱えている状況やこれまでの生活史など（前述の【以前の生活を踏まえた今の暮らし】）をとおして，利用者の希望や期待を理解し，その可能性を具体的に利用者に説明していくことも「情報」のもつ意義なのです。

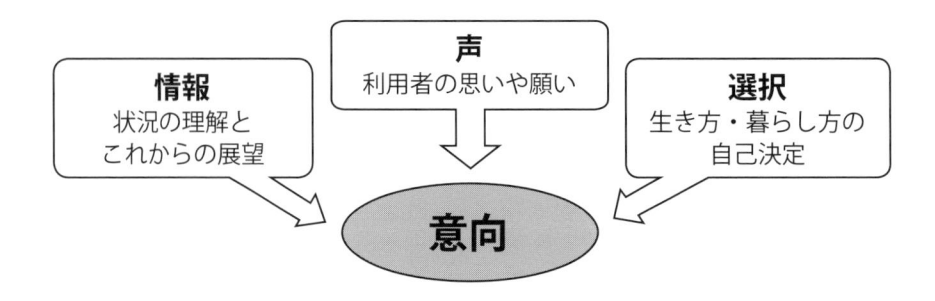

```
    情報              声              選択
 状況の理解と    利用者の思いや願い   生き方・暮らし方の
 これからの展望                        自己決定
         ↘          ↓          ↙
                  意向
```

【予後予測・リスク】

　利用者・家族によってどのような選択が行われたにせよ，そこにはたえず変化していく状態像や，変更すべきニーズ，それに即応していかなければならない介護サービス等があります。あるいは，提供された介護サービス等に実効性や適合性がなく，結果的に予後の状態像を軽減・改善

できない場合，かえって介護のリスクを高めていくこともあります。

　その意味では，背景因子として個人因子・環境因子の両面から検討すると同時に，各々の因子には，緩和・改善というプラス面（促進因子）と，活動等を制限したり，参加を制約したりというマイナス面（阻害因子）があることを正しくとらえる必要があります。

　個人因子とは，健康状態や生活環境に対する個人の主観的なとらえ方や感じ方（認識・情緒），つまり「あれをしよう」「これがしたい」「これはしたくない」という個人の動機づけ（因子）を意味しています。介護上では，個々人のこうした気持ちや意識のもち方に大きく左右されます。他方，環境因子とは，生活（人生）を送るうえでの物的・社会的・人的（人間関係・態度）な環境の総体です。そのポイントは，環境を「どう受けとめているか」「どのように感じているか」，言い換えれば「快適と感じているか」「不満であるか」「変えたいと思っているか」という個々人の感受性（受けとめ方）と切り離してとらえてはならないということです。

　注意すべきは，個人因子において，利用者の状態像や行動面を「マイナス」つまり「問題行動」としてのみとらえることの危うさです。例えば「歩きたい＝転倒の危険がある（リスク）」という判断は，援助者側から見れば「活動制限の理由」となりますが，利用者側から見れば「〜したい」という意欲的・活動的な表出の一つなのです。そうだとすれば，利用者の意思（潜在的な可能性）をどう尊重していくのかということも大切です。

　環境因子は経験的・専門的に「できる」「できない」「危うい」「大丈夫」という生活機能面から客観化できる面もありますが，個人因子からすれば利用者等の主観的な判断や意向も加わりますので，第三者的に客観的にリスク等を予測するだけではなく，利用者の「主観」（動機づけ）に対する理解がとても重要となります（下図，ＩＣＦの援用）。

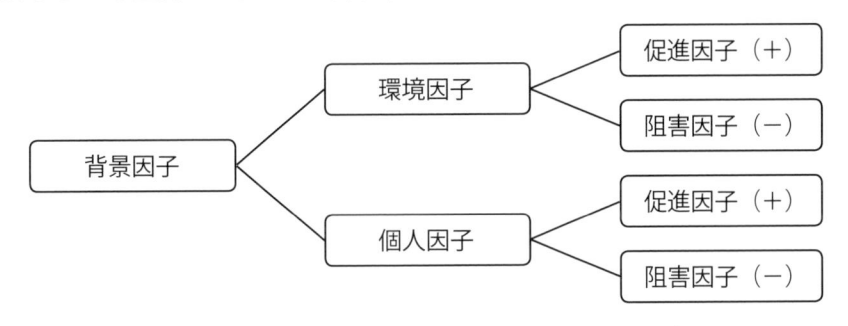

```
                        ┌─ 環境因子 ─┬─ 促進因子（＋）
                        │           └─ 阻害因子（－）
            背景因子 ───┤
                        │           ┌─ 促進因子（＋）
                        └─ 個人因子 ─┴─ 阻害因子（－）
```

　他方，利用者の疾病や障がいの状態像とともに，介護ニーズもたえず変容していくことを考慮すれば，利用者・家族の意向や実態にのみ引きずられることなく，現在までの介護情報を整理し，介護支援上の専門的な判断や将来的な課題を適切に見通しておくことが大切になります。

　リスクとは，安心・安全と表裏をなす課題ですが，利用者が要介護高齢者であることを考慮すれば，自己の心身状態や生活環境に潜むリスク（危険性）を自覚したり，利用者自らがこれを予測することはとても難しいことです。

　アセスメントとは，利用者・家族の日常生活の様子をとおして，個人因子と環境因子の両面から具体的にリスク（危険性）をとらえ，これを緩和・軽減できる可能性を探ることであり，結果として利用者の安全・安心を予測して，相談支援やサービス等を組み立てていくことでもあるのです。

　通常ヒヤリハットや苦情対応はクライシスマネジメントと称し，介護サービスの質の確保や利用者満足の向上のためのリスクマネジメントとは区別します。クライシスマネジメントはリスク等が現実のものになった時の対応とその準備のことであり，リスクマネジメントは予測したリス

クが現実のものとならないように予防することを意味しています。

　アセスメントにおいては，リスクマネジメントとしての役割や効果がとても大きいことがわかりますが，リスクマネジメント力を向上させるうえでは，クライシスマネジメントの経験やデータをしっかりと蓄積し，これを活かしていくことが求められています。

リスク対応 ｛ クライシスマネジメント……リスク等が現実のものとなった時の対応とその準備。例：ヒヤリハット，苦情対応
　　　　　　リスクマネジメント……予測したリスクが現実のものとならないように予防すること。

<リスクマネジメントの過程>

事前対応
利用者のリスクをとらえる　→　リスクの予測，緩和・軽減の可能性を見出す ＊アセスメントではリスクマネジメントとしての役割が大きい

↓

利用者のリスクの緩和・軽減のための相談支援やサービス等を組み立てる

利用者のリスクの緩和・軽減を図る実際の介護サービスを見出す

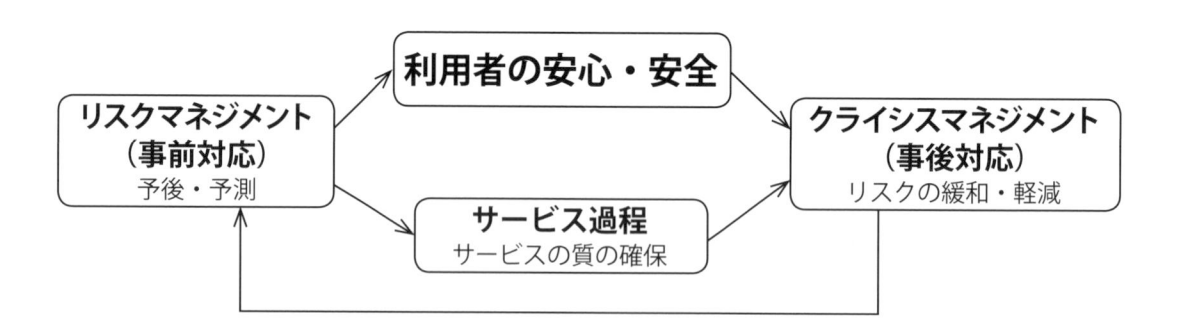

リスクマネジメント（事前対応） 予後・予測　→　**利用者の安心・安全**　←　**クライシスマネジメント（事後対応）** リスクの緩和・軽減
　　　　　　　　　　　　　　　　　　　　　　　サービス過程 サービスの質の確保

【多職種の意見（社会資源・情報を含む）】
　言うまでもなく，地域にはさまざまな社会資源があり，多様な専門職が活動しています。介護支援とは，そうした資源や専門性の協働によるチームケアによって成り立っています。医療・保健・福祉あるいは地域包括支援センター・行政等のフォーマルサービスのみならず，時に地域住民等の見守りや手助けなどのインフォーマルサービスも考慮に入れて，ケア態勢を組み立てていくことも必要となります。

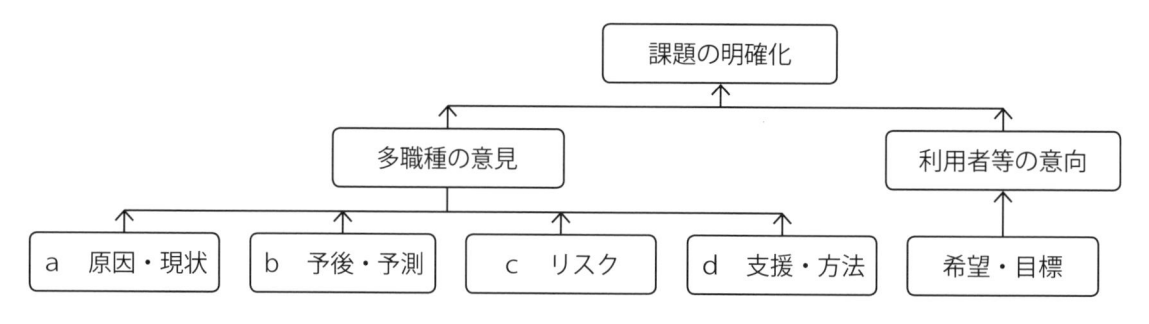

課題の明確化
　↑　　　　　　　　　　↑
多職種の意見　　　利用者等の意向
↑　　↑　　↑　　↑　　　　↑
a 原因・現状　b 予後・予測　c リスク　d 支援・方法　希望・目標

多職種連携とは，利用者・家族にかかわる多様な専門職が各々の立場から利用者支援にかかわることだけではなく，その支援の効果を最大限にしていくために協働することを意味しています。本来，ケアマネジメントとはそうした多様なケアをニーズに即応して調整したり，組み立てたりすることで，利用者支援を有効にしていく専門的な方法なのです。

　連携の効果を簡略にまとめてみると，①利用者のもつ課題について多面的な分析と支援が可能となります。②自己の専門性以外からの情報や判断を得ることができます。③社会資源等のつながり（ネットワーク）を強めていくことができます。そこで確認すべきポイントは，前ページの図のa～dです。

　これ以外にも，ケアマネジャーとしては，協働する他職種の専門的な知識や技術を理解する機会となり，何よりも顔の見える関係づくりは，支援のうえでの安心感・信頼感を得ることができます。

　例えばケアカンファレンス（サービス担当者会議）を想定してみてください。チームマネジメントを行うにあたり，ケアマネジャーが設定している課題は，以下のとおりです。

① 利用者（家族）の主訴（どうありたいと思っているか）
② 把握すべき課題の状況（どんな課題なのか）
③ 対応すべきニーズの把握（どのようなニーズか）
④ 選択すべき項目（どのような選択肢があるか）
⑤ リスクとして対応すべき課題（リスクにどう対応すべきか）

　こうした①～⑤を明確にするために，医療・保健・介護・福祉などから専門的な判断や情報を得ていくことになります。チームマネジメントの過程としては，まず「課題の共有化」に始まり，「原因や背景についての分析や意見を整理すること」であり，「支援方法について立案すること」であり，最終的には「支援についての方向づけ（判断）」をすることです。そのうえで，前述の【予後予測・リスク】に関するケアマネジャーの判断を裏付け（根拠付け）ていくことも重要なポイントです。

　他方，専門職の意見の集約をする場合，必ず「利用者等の意向」を念頭に置き，両者の整合性を確かめながら，課題整理をしていく必要があります。利用者（家族）の意思決定支援つまり自己決定・自己選択を尊重することは，アセスメントの基本であり，自立への意欲を高めていく契機だからです。

　専門職とは立場が異なっていますが，介護という問題は，地域の民生委員や自治会役員，近隣住民の日常的な手助けがあれば改善できる面も少なくありません。サービス関係が点と線のつながりであるとすれば，地域とは面としての広がりが特長です。要介護になって閉じこもりがちになりやすい中で，日常生活上の困りごとの対応をはじめとして，買い物・ゴミ出しなどの手助け，声かけや見守りなどは，地域住民の理解と協力が必要不可欠です。インフォーマルだからこそ臨機応変にできることも多く，大切な資源のひとつとして考慮すべきでしょう。

【課題の整理】

　このステージにおいては，これまでの各ステージにおいてとらえた課題をＩＣＦの視点から整理（分析）します。

　まず利用者の「実行状況」（現在の状況）や「能力」（現時点での生活機能レベル）や，「環境因子」（利用者の生活環境）についてまとめます。

　実行状況とは，利用者が現時点で「していること」「していないこと」です。それを把握します。

能力とは，福祉用具などを用いることも含めて「できること」「できるようになったこと」を意味しています。

　要介護の状態像をとらえていくうえで，ついつい生活上のリスク管理を優先して「活動の制限」や「参加の制約」に気を取られることが少なくありません。むしろ支援方法や福祉用具などを工夫・活用することで，制限や制約を軽減・除去して，利用者の生活上の可能性や方向性を見いだすことにこそアセスメントの意義があると言えます。

　言い換えれば，現時点での利用者の生活像として (1) できないこと（困難さ），(2) できること（能力），(3) していること，していないこと（実行状況），さらには，利用者の期待像である (4) できそうなこと（可能性），(5) 望んでいること（方向性）を整理します。

　また，介護者（家族）の (1)「したいこと」，(2)「できること」「できないこと」，(3)「できるようになるための条件（理解・知識・方法）」などのテーマも整理します。

　52，53 ページの愛介連版アセスメントシートの横軸 5 番目の「課題の整理」を例にすると，以下のようになります。

・（利用者が）(5) 望んでいること（方向性）……「③毎日の日課として，昔からの習慣である，妻と海を見に行くことが継続できるようにする。」
・（利用者が）(3) していること，していないこと（実行状況）……「④洗髪や洗身ができなくなっているが，声掛け・介助しながらなら清潔で過ごすことができる。」
・（介護者が）(2)「できること」「できないこと」……「⑦介護者（妻）と長男の嫁が，認知症の対応の方法を理解できる。定期的にリフレッシュできる時間が作れる。」

　そうした課題整理から，利用者にふさわしい生活目標が見えてきます。利用するサービスが必要にして十分であってもすべてが支えきれるわけではありません。本人の「生きる力」（意思・意欲・価値観など）や家族の「支える力」（精神的・情緒的なかかわり），さらには地域の「共生する力」（見守りや声かけなど）が多様に組み合わさってこそ，具体的で効果的な生活目標になっていくのです。

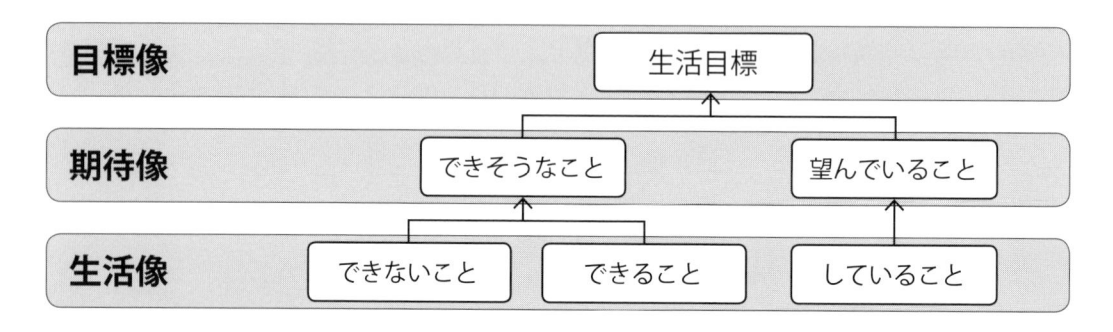

目標像		生活目標	
期待像	できそうなこと		望んでいること
生活像	できないこと　できること		していること

【生活目標（私の望む生活像）】

　各項目ごとの目標ではなく，要介護状態という課題をもちながらも，介護サービス等を利用するうえで，現在そして明日に向かってどのような「望む暮らし」が可能なのかを説明したうえで，目標を設定していきます。

　一般的に，「説明責任（アカウンタビリティ）」とは，費用対効果つまり費用負担に見合う利用効果を説明することを意味していますが，医療・介護・福祉に関する情報は，利用者にとってはわかりにくく，「理解（納得・合意）」することは容易ではありません。ましてやサービス等を受けることで日常生活が大きく変わることを思えば，生活目標を立案することは，その人らしさを

尊重しつつ，意向や希望を優先して，これを代弁・代行していく姿勢が基調になければなりません。

その場合は，現時点の緊急の課題に対処するだけではなく，明日に向かう「暮らし方」について，利用者・家族の意向（○○したいこと・○○でありたいこと・○○できること）を確認していくことが大切です。

周知のように，この「意向」は，第1表「居宅サービス計画書(1)」に表記されています。利用者等の意向を汲み取りながら，課題を整理し，ニーズを確認していく中で，繰り返し加筆修正の作業が必要となることが少なくありません。

ケア（介護）を受けながらも，自分らしい暮らし方，人生の過ごし方を共に検討していくことがこのレベルでのテーマとなります。たとえ生活上に不便さや困難さが生じていても，目標を立てることで，自立への意欲につなげ，必要とするサービスの選択を適切に行うことができるようになります。

つまり，生活目標とは，縦軸の項目において課題分析をしていく中で，回復的な指標や介護の目標を個別に設定するのではなく，たとえ要介護状態にあるとしても，利用者（家族）が「望む暮らし」を言語化する（具体的なイメージが見える）ことでなければなりません。

そのうえで，利用者・家族の主体的な意向や選択を尊重しながら，支援の優先順位を検討していきます。もとより，いたずらに希望や願いを羅列することではありません。予後・予測のアセスメントを踏まえた「展望（見通し）」をもったうえで，生活目標を組み立てていきます。第1表の「総合的な援助の方針」は，この生活目標から構成されていきます。

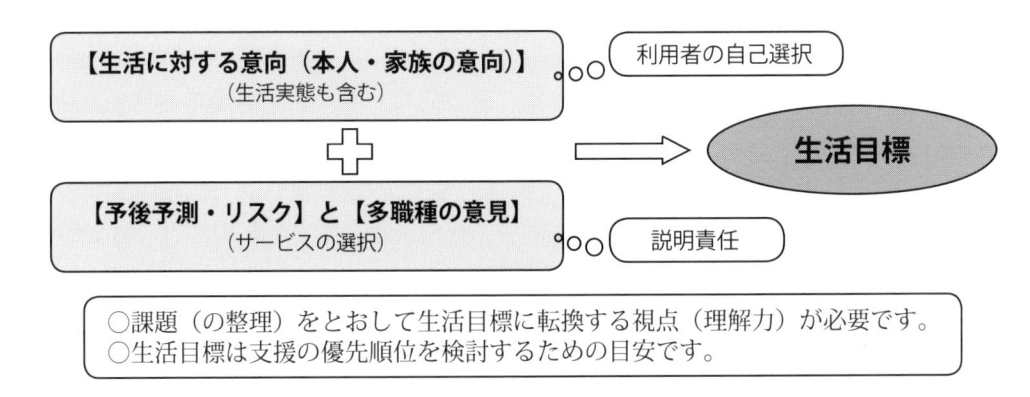

```
【生活に対する意向（本人・家族の意向）】 ──○○ 利用者の自己選択
　　　（生活実態も含む）
　　　　　＋                        ⇒  生活目標
【予後予測・リスク】と【多職種の意見】──○○ 説明責任
　　　（サービスの選択）
```

○課題（の整理）をとおして生活目標に転換する視点（理解力）が必要です。
○生活目標は支援の優先順位を検討するための目安です。

【生活全般の解決すべき課題（ニーズ）】

アセスメントを行うねらいは，利用者が抱えた要介護ニーズを適切に把握し，これをケアプランに反映させることです。

ただ，利用者の「困りごと」（困っている事態）にのみ対応するのであれば，例えば「調理・食事ができないこと」に困っているとすれば，「ホームヘルパー」を利用するということになります。しかし，困っているのは，そうした困りごとの背景にある「真のニーズ」つまり要介護になっても「自分らしい生活がしたい」「安心して生活を送りたい」ということです。

それゆえに，「○○ができない」「○○が困った」という問題をそのまま裏返して「○○したい」「○○になりたい」とするのではなく，具体的な「生活目標」を選択して，その目標の実現過程において示される生活自立への意欲，つまり「○○できるようになりたい」「こんな暮らし方がしたい」を「生活全般の解決すべき課題（ニーズ）」として組み立てることです。

厚労省通知（記載要領）を見ると，生活全般の解決すべき課題（ニーズ）とは，
「利用者の自立を阻害する要因などであって，個々の解決すべき課題（ニーズ）についてその

相互関係をも含めて明らかにし，それを解決するための要点がどこにあるかを分析し，その波及する効果を予測して……」
とし，書き方のポイントについては，
「自立支援を目指す計画ですから，ニーズ欄には，『○○できるようになりたい』『○○したい』というように，利用者が主体的・意欲的に取り組めるような書き方」，ついで「『○○のため○○できない』のように，ネガティブな表現になりやすいので，『○○したい』とできるだけ簡潔に書く」と説明しています。

ニーズとは，利用者・家族から示された「要望」（○○してほしい）でも「欲求」（○○したい）でもなく，その基本はアセスメントの過程をとおして分析・整理された「解決すべきポイント・ねらい」「目標とすべきポイント・ねらい」であることを忘れてはなりません。

その基本的な要件は，次の3点です。
① 課題分析や生活目標を踏まえた根拠（原因，背景，可能性など）を明らかにしておくこと（サービス担当者会議等でも必要です）。
② 利用者等の意向を踏まえた共通理解（合意の形成）をもっていること。
③ 支援の必要性（課題分析）と利用者等の希望（生活目標）ができるだけ一致していることを挙げること。

③の場合，もし利用者の意思決定が難しい状態であれば，支援の必要性を家族等の了解を得ながら再確認することも必要です。

もとより，「ニーズ」は，あくまでも「努力すれば達成可能な希望」であり，「サービスを利用して実現可能な課題」でなければなりません。何よりも利用者・家族がニーズの主人公であり，担い手だからです。利用者等が「理解できない」「受け入れられない」課題・目標の設定は避けるべきです。ケアマネジャーはアセスメントの過程・結果をとおして適切な説明責任を果たさなければならないことは言うまでもありません。

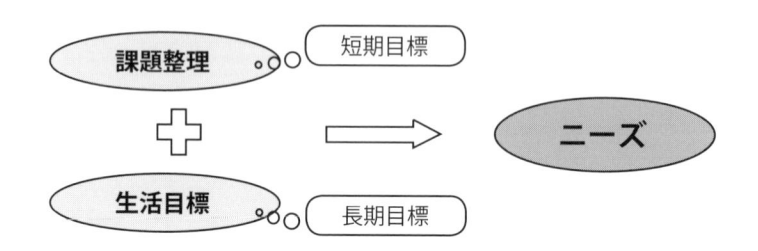

課題整理 ○○ 短期目標
＋
生活目標 ○○ 長期目標
⇒ ニーズ

短期・長期の目標設定には，その人らしい暮らしの実現（再生）を見とおす力が求められます。
（実現可能な課題・達成可能な目標の設定）

ところで，一つのニーズには，複数の希望や目標が込められています。例えば「片麻痺で歩行困難だが外出したい」という場合，「外出したい」が直近のニーズ（短期目標）ですが，外出することで「活動（参加）の機会がほしい」とするならば，これを「自分らしい生活像」としてのニーズ（長期目標）としてとらえることができます。

例えば，深層的には「つれあいとの死別」「生きがいの喪失」が原因であっても，「転倒による骨折」「尿漏れ」によって「閉じこもり」や「食欲低下」を併発して要介護状態になった場合，短期目標としては現状からの回復・改善（生きる意欲や心身の回復）を図ることですが，長期目標としては新たな活動目標をもった生活像を描くことです。

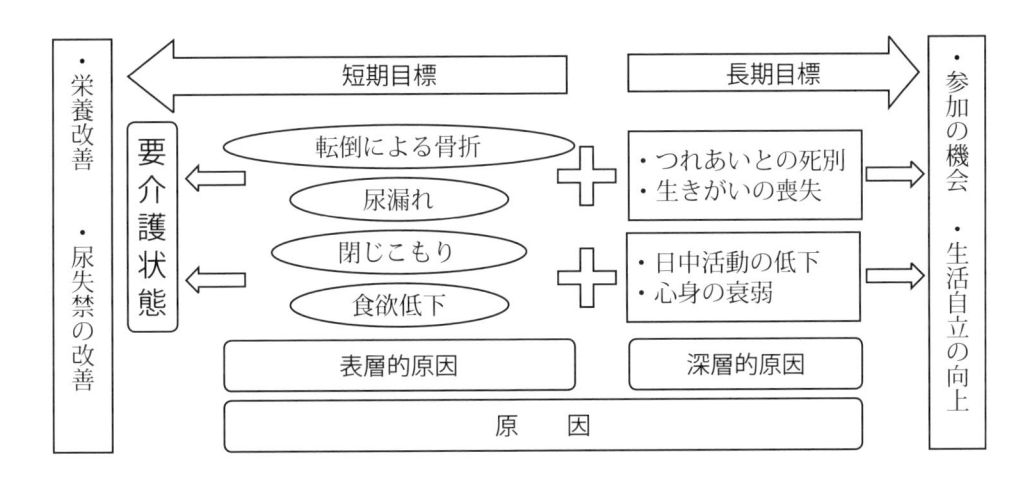

[図：要介護状態を中心としたアセスメント図]

- 栄養改善
- 尿失禁の改善

← 短期目標 ／ 長期目標 →

- 参加の機会
- 生活自立の向上

要介護状態 ← 転倒による骨折／尿漏れ／閉じこもり／食欲低下 ＋ ・つれあいとの死別 ・生きがいの喪失／・日中活動の低下 ・心身の衰弱

表層的原因　　深層的原因

原　因

　前述のように，短期目標・長期目標という場合，単に①「時間」的な幅（期間の長短）のみをいうのではありません。
　例えば難易度の高い課題として，②介護上でどの程度の困難さや必要性があるか（例：認知症による徘徊などにどう対応するか。老々世帯等の支援をどうとらえるか），③重度化・重篤化していく状況に対してどう対応するのか（例：寝たきり等からの状態をどう回復していくのか。ターミナル期にどこまで対処できるか），④費用対効果を踏まえつつ支援（サービス）を組み立てていくための諸条件をどう整えるのか（例：必要なサービスをどの程度プランに載せることができるか。利用者・家族等の利用意向は適切か），⑤家族等の関係性や介護力はどの程度なのか（例：介護における家族関係は良好か。介護力を向上させることができるか），⑥地域でのフォーマル，インフォーマルな資源はどの程度まで使えるか（多職種連携が取りやすいか。住民間で地域の組織的な活動があるか），を検討しておくことも必要です。
　これを踏まえて短期的な見通し，あるいは長期的な展望を図ることが求められています。
　「生活全般の解決すべき課題（ニーズ）」を構成する要件はさまざまです。例えば，ニーズの優先順位を決める場合にも，利用者・家族等に説明・同意を得ると同時に，サービス担当者会議にかかわる多職種に対する説明根拠が必要となります。生活上の「困りごと（例：風呂に入れない）」にだけ着目して，とりあえずホームヘルパーやデイサービス（例：入浴の機会）をプラン化（単品サービス）することは，利用者等が抱えているニーズつまり原因や背景，希望や意向，可能性やリスク，緊急性や医療等の専門的対応を看過してしまうことになります。
　ケアマネジャーにとってアセスメントが専門職としての「いのち」であるのは，利用者等の生活全般を見渡して，その状況を詳らかにしつつ，多職種を連携させながら，包括的継続的な支援を構成していく専門力がそこにあるからなのです。利用者等に寄り添い，その生活の場において手を携えて共に歩んでいく姿勢こそ，利用者等の信頼関係の基盤そして専門職倫理の拠りどころなのです。

第3章
アセスメントのモデル事例とポイント

◆ 学習のポイント ◆

　本章では、6つの疾病・要介護の事例を取りあげています。以下、それぞれの事例には、最初にその特徴やポイント（一般的なアセスメントのポイント、見落としがちなアセスメントのポイント）を記載して、事例検討のスムーズな導入を図っています。

- 認知症ついては、医療連携を図りながら、利用者の心身の状態像のみならず、在宅生活上の不安や困難さにも対応していくことが大切です。介護家族に対して認知症の理解をうながしていくことも期待されています。
- 生活習慣病（糖尿病）について、病識（病気としての自覚）をうながしながら状態像を確認し、食事・運動等の療法を組み込んだ日常的な生活習慣をつくっていくことが大切です。重篤化による合併症等のリスクも見過ごすことはできません。
- 脳血管疾患（脳梗塞）について、突発的な症状によって、言語障害や麻痺等が残る場合もあり、心身のリハビリテーションが長・短期にわたって必要となる場合がありますので、医療連携がとくに不可欠となります。
- 筋骨格系疾患（脊柱管狭窄症）は、痛みや痺れなどの身体症状があると同時に、日常生活動作に転倒など多くの困難が生じますので、生活上のきめの細かい配慮が必要です。
- 末期がんについて、在宅療養生活のケースが多くなるにつれて、治療面のみならず、生活の質（QOL）面でのアセスメントが期待されます。緩和ケア、看取りケアさらにはグリーフケア（遺族の喪失のケア）などの支援も視野に入れなければなりません。
- 虐待について、人権侵害であることを踏まえ、介護家族との葛藤や緊張が伴いますが、虐待を受けた利用者本人の状態を最優先にして対応します。

「愛介連版フェイスシート　利用者基本情報」記載要綱

《基本情報》

担当者	利用者基本情報の作成担当者の氏名を記載する。
相談日	初回の相談日で，当該(とうがい)の利用者基本情報を作成した年月日を記載する。また，相談の方法として，来所や電話等の種別に○印を付す，またはその他を記載する。
本人の状況	利用者本人の現在の居所について該当(がいとう)するものにチェックを入れる（枠を塗りつぶす，またはレ点チェック）。入院または入居中の場合は，その施設名を記載する。
本人氏名／性別／生年月日・年齢	利用者氏名及び性別を記載する。介護保険被保険者証と一致していることを確認し，利用者の生年月日と年齢を記載する。
住所	当該の利用者の実際に居住している居住地を記載すること。住民票の住所地と異なる場合は，介護保険被保険者証に記載されている住所を記載する。
TEL／FAX／MAIL	当該の利用者と連絡のとれる電話番号・ファックス番号・メールアドレスを記載する。
日常生活自立度	利用者の「障害高齢者の日常生活自立度判定基準」，「認知症高齢者の日常生活自立度判定基準」に基づくそれぞれのランクついて，各通知の基準に基づき現在の状態に該当するものにチェックを入れる。また，その判断を行った者について，○印を付す，またはその他を記載する。
認定情報	利用者の要介護認定等の区分について，「非該当」，「要支援1」から「要介護5」のいずれかを記載する。また，有効期間と前回の介護度を記載する。
障害等認定	身体障害者手帳等の交付を受けている場合は，該当するものにチェックを入れるとともに，等級・種類等を記載する。
本人の住居環境	該当するものにチェックを入れる。自室の有無もチェックを入れ，自室のある場合は自室のある階を記載する。また，住宅改修の必要性の有無についてチェックを入れる。
経済状況	当該の利用者が受給している年金の種類及び支給されている実際の金額及び家族等からの支援を受けることができる場合は，その状況を記載する。また，金銭管理の状況についても記載する。
来所者（相談者）	来所者または相談者について，氏名を記載する。
続柄／住所／連絡先	来所者または相談者の続柄(つづきがら)，住所及び連絡先を記載する。

緊急連絡先	緊急時に確実に連絡がとれる人の氏名と続柄，住所及び連絡先を記載する。連絡先は，複数ほど確認することが望ましい。当該の利用者の急変等，緊急に連絡をとる必要がある場合に利用者自宅以外の連絡先を記載する。また，家族が働いている場合は，携帯電話や自宅のほかに，家族の職場等確実に連絡がとれる電話番号を記載する。
家族構成	当該の利用者の家族について記載する。介護力を考慮するために，家族の年齢や居住地域も可能な範囲で記載する。現在利用者と同居している家族は，○で囲む。当該の利用者に関係する家族関係等の状況を下記の凡例を用い，利用者を中心として家族関係がわかるように図解して記載する。なお，家族関係で特記すべき事項があれば記載する。 ジェノグラムの記号（凡例） ① 性別：男性は四角，女性は丸（年齢は図形の中や図形の下に書き入れる） 80, 78 ② 中心人物（本人） □, ◎ ③ 亡くなっている場合（黒塗り，もしくは図形に×） ■⊠, ●⊗ ④ 婚姻関係 □─○ ⑤ 離婚，別居 □≠○…離婚，□／○…別居 ⑥ きょうだい（左から出生順） ⑦ 同居家族は実線で囲む

《現病歴・既往歴と経過》

年月（歳）／病名／医療機関・医師名／経過／内容	主治医意見書等からの情報や利用者・家族からの聴取をもとに，利用者の主な既往症と治療・服薬の状況について，時間の経過順に記載する。記入した病気のために服薬等の治療を受けている場合は，「治療中」にチェックを入れる。治療は受けていないが受診だけはしているという場合は，「経過観察中」にチェックを入れる。その他の状況の場合には，「その他」にチェックを入れる。また，主治医意見書を記載した医療機関または医師については，☆印を付す。

《現在利用しているサービス》

フォーマル／インフォーマル	当該の利用者が，現在利用している支援について，サービスの種類と利用頻度について記載する。ここでいうサービス・事業は，行政の行う一般施策のような公的サービス（フォーマル）とボランティアや友人などによって行われている非公的なサービス（インフォーマル）を分けて記載する。

《介護に関する情報》

今までの生活	当該の利用者の現在までの生活について，主要な出来事を時間の経過順に記載する。職業や転居，家族史，家族との関係，居住環境などについて記載する。
今までの一日の過ごし方	起床から就寝までの1日の流れや，食事・入浴・買い物，仕事や日課にしていることなど，1日の過ごし方を記載する。
趣味・楽しみ・特技	以前取り組んでいた，趣味や楽しみ，特技も聞き取り記載する。
友人・地域との関係	友人や地域との交流頻度や方法，内容を記載する。

《本人及び家族の主訴》

本人／家族	当該の利用者及び家族が，生活上困難と感じている具体的な訴えの主要なものを記載する。
居住環境	当該の利用者が居住している住居の状況について記載する。自室だけでなく，生活に利用しているスペース（トイレや浴室等）との位置関係，主な家具の配置，動線にある手すりや扉の状況・段差も記載する。また，屋外（公道）まで移動する際の経路の状況も記載する。

（厚生労働省「介護サービス計画書の様式及び課題分析標準項目の提示について」参照・加筆修正）

【アセスメントシート凡例】

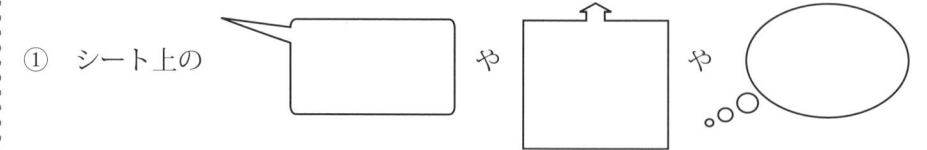

① シート上の ［吹き出し］ や ［囲み］ や ［思考雲］ などは，シートに記入された内容に対する，編著者による問題点の指摘です。シートを記入する際の参考にしてください。また，シートを読み取る際の参考にしてください。

② 略語一覧
PT：理学療法士　OT：作業療法士　ST：言語聴覚士
MBI：肥満度指数　BPSD：周辺状況

1　認知症

○概要

　認知症については，専門医による認知症の診断ができるようになり，一般の理解も広がってきました。その種別としては，4大認知症といわれるアルツハイマー型・脳血管型・レビー小体型・前頭側頭葉型(ぜんとうそくとうよう)があります。

　認知症は，記憶障害を中心とした認知機能障害であり，見当識(けんとうしき)障害や判断力の障害や物忘れなどの中核症状があります。それを背景とした不安感や，不安によって引き起こされる徘徊(はいかい)などの周辺症状（BPSD）があります。

○一般的なアセスメントのポイント

- 認知症からくる周辺症状（問題行動）が課題になっていませんか。
- 認知症は一つの疾患です。他の疾患と比べて，医療連携（診断・治療）の視点が少なくなっていませんか。
- 日常生活の困難さ，家族の困りごとだけに関心が向いていませんか。
- 本人が自分の意向を言語化できない時，安易に意向はないと判断していませんか。
- 認知症があるとわかった時，認知症の周辺症状に気をとられて，その人自身の個別具体的な目標設定があいまいになっていませんか。
- 逆に意向を聞き取れないため，以前の趣味や習慣等から安易に目標設定してしまう傾向はありませんか。
- 認知症になった本人の置かれている状態像（精神面の不安・葛藤(かっとう)・恐怖など）の理解が，後回しになっていませんか。
- 認知症が増えている中で，認知症の人を支えていく地域のネットワークに着目して，支援を考えていますか。

○見落としがちなアセスメントのポイント

- まず認知症がどのような疾患なのか理解して，利用者の症状・行動などの日々の状況を的確に主治医に伝え，専門的な支援につながるようにしましょう。
- 認知症であることを理解することで，日常生活で起こっている利用者の気になる行

動を「症状」としてとらえることができます。
- 家族は，周辺症状（気になる行動）に翻弄（ほんろう）されると，利用者本人と家族との関係が悪化していくことがあります。本人が悪いのではなく，認知症がそうした行動を引き起こしているという理解を伝えていくように支援しましょう。
- 認知症になり，言葉で伝えることができなくなってしまったとしても，気持ちや意向がなくなったわけではありません。たとえ意味不明でも，利用者が発する言葉に耳を傾けましょう。
- 認知症は，できなくなっていくことが増えていく病気です。不安感・失望感・葛藤等の精神面に目を向けましょう。本人の置かれている状況と同時に，その気持ちなどを理解すると真のニーズが見えてきます。
- 「本人の理解」「本人と向き合う」という言葉だけが先行しがちです。具体的に利用者本人とどう向き合うのか，どう理解するのか，実践的な視点で考えましょう。
- 周辺症状は，とくに便秘や不眠などの生理現象を悪化させます。症状と関連して生活習慣や生活全般の情報を得る必要があります。
- 認知症の人は，体調不良等を言語化することが難しくなります。健康管理は重要なアセスメントのポイントです。
- 認知症の服薬管理は軽視しがちです。認知症の薬は長期内服や増量などにより，胃（い）潰瘍（かいよう）などの副作用も起こします。自覚症状の訴えがないため手遅れになりがちですので，とくに気をつけましょう。
- 地域包括ケアシステムの中で，認知症を地域でサポートするネットワーク体制が求められています。ケアマネジャー自らが糸口となったケースをとおして，地域のネットワークからの支援という視点でニーズを見ていくいことが大切です。

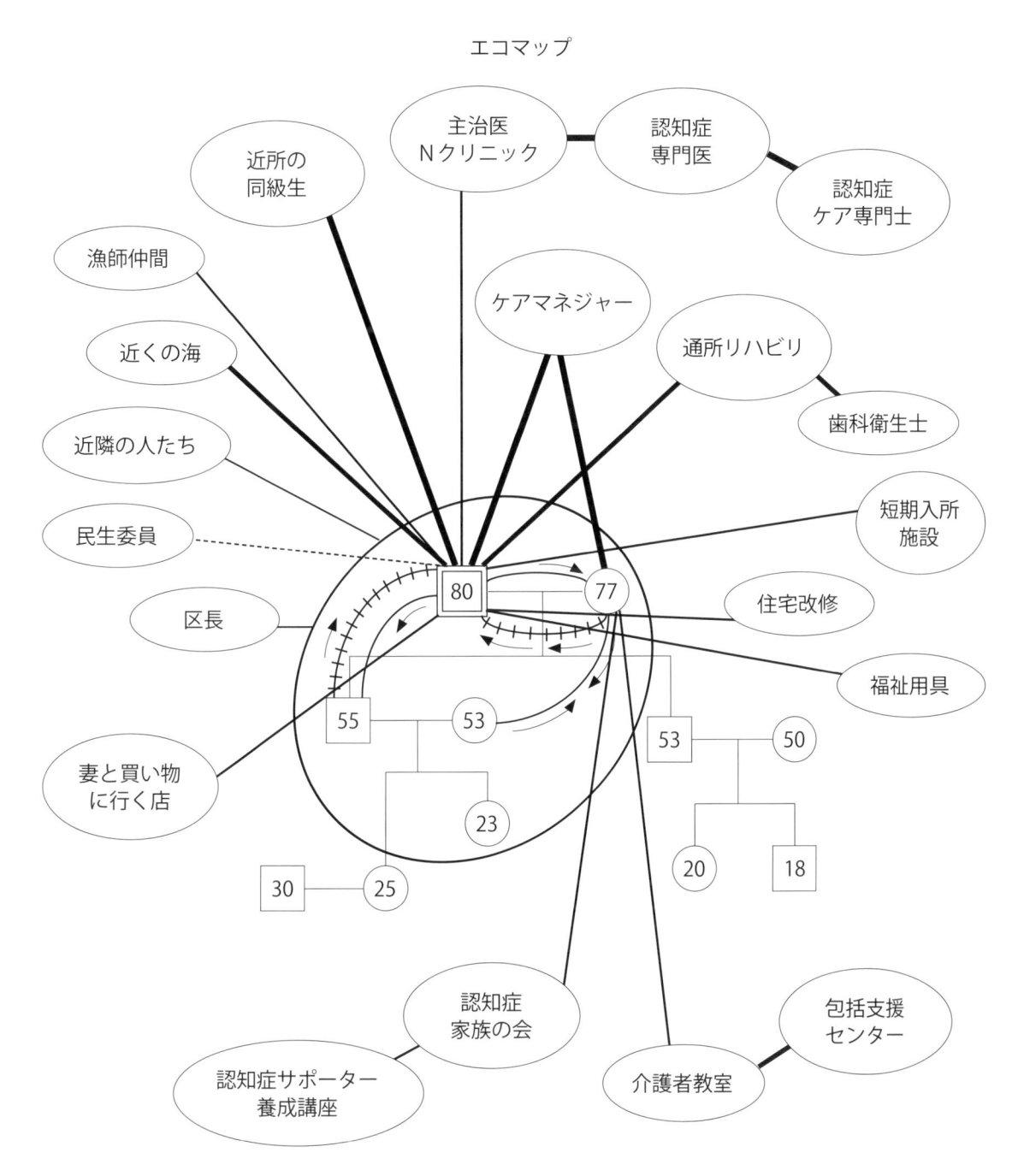

第3章 アセスメントのモデル事例とポイント

エコマップ

※家族構成については，p.50参照。

家族の表記

◻：中心人物（本人）　　□：男　　○：女　　⬭ 外の家族：離別者，独立した家族

数字：年齢

環境との結合の表記

──：実線の太いものほど重要もしくは強い結合　　------：希薄な結合

++++：ストレスのある，もしくは葛藤のある関係　　──▶：資源・エネルギー・関心のフロー

認知症　生活習慣病（糖尿病）　脳血管疾患（脳梗塞）　筋骨格系疾患（脊柱管狭窄症）　末期がん　虐待

愛介連版フェイスシート　利用者基本情報　― 認知症 ―

担当者　　　　　　　　　　　　　

≪基本情報≫

相談日	年　月　日　受付方法（来所　・　電話　・　その他（　　　　　　　　　））		
本人の状況	■在宅　　□入院または入居中（　　　　　　　　　　　　　　　　　　　　　）		
フリガナ 本人氏名	A	性別　男	生年月日　○年　○月　○日　**80歳**
住所	S市	TEL FAX MAIL	○○○-○○○-○○○○ ○○○-○○○-○○○○ ＊＊＊＊＠＊＊＊＊
日常生活自立度 主治医意見書 （　年　月　日）	障害高齢者の日常生活自立度	□自立　□J1　□J2　■A1　□A2　□B1　□B2　□C1　□C2	
	認知症高齢者の日常生活自立度	□自立　□Ⅰ　□Ⅱa　□Ⅱb　□Ⅲa　■Ⅲb　□Ⅳ　□M	
認定情報	要介護状態区分等　　要介護2 有効期間　○年○月○日　～　○年○月○日　（前回の要介護状態区分等　　要支援2　）		
障害等認定	身障手帳（□有（種類　　　　　　　　級）・■無）　療育手帳等（□有（種類　　　　　　　級）・■無） 精神障害者保健福祉手帳（□有（種類　　　　　　）・■無）　指定難病（□有（種類　　　　　　）・■無） 医療費控除になる対称の特定疾病等（□有（種類　　　　　　　　　　　　級）・■無） 身障・療育手帳の内容：		
本人の 住居環境	■持家　　（■戸建　　□集合住宅）　　□借家 自室　■有　□無　（　1　）階　　　住宅改修の必要性　■有　□無		
経済状況	本人は，国民年金を受給中。夫婦で2カ月に12万円程度。 息子B（長男）は，福祉関係の仕事に従事。息子Bの嫁も，パートに出ている。		
来所者 （相談者）	B	続柄　長男	家族構成
住所			
連絡先			
緊急連絡先	氏名	続柄	住所・連絡先
	C	次男	T市 ○○○-○○○-○○○○

家族構成図：
- ■85（故）─●
- □（故）─■（故）
- ●85　■80（本人）─○77　■75（故）　□73
- □55 キーパーソン　○53 パート　□53　○50
- ○23 仕事
- □30　○25
- □20　□18
- T市　車で30分
- 5人暮らし

≪現病歴・既往歴と経過≫（新しいものから書く・現在の状況に関連するものは必ず書く）

年月（歳）	病名	医療機関・医師名 (主治医・意見書作成者に☆印)	経過	内容（治療中の場合のみ）
○年○月（78歳）	アルツハイマー型 認知症	☆Nクリニック	■治療中 □経過観察中 □その他	アリセプト服用中
○年○月（78歳）	高血圧	☆Nクリニック	■治療中 □経過観察中 □その他	こうあつざい 降圧剤服用中
○年○月（60歳）	せきちゅうかんきょうさくしょう 脊柱管狭窄症	S市民病院	□治療中 □経過観察中 ■その他	
年　月（　歳）			□治療中 □経過観察中 □その他	

≪現在利用しているサービス≫

フォーマル	インフォーマル
・通所リハビリ（週3回） ・短期入所療養介護 ・住宅改修	長男　　次男 近所の同級生　　漁師仲間　　近隣の人たち

第3章 アセスメントのモデル事例とポイント

≪介護に関する情報≫

今までの生活	S市に生まれ，中学校卒業後に漁師になる。若い頃は，漁師をしていた。 26歳で見合いで結婚。妻は同市出身。2人の子どもに恵まれた。結婚後，妻の希望で漁師をやめ，夫婦で自営業（製鋼業）で生計を立てていた。 60歳の時，脊柱管狭窄症が発症。手術を行う。術後，リハビリを重ね，少しずつ歩けるようになる。 63歳の頃より，仕事も辞めて隠居生活となる。自分のリズムで，毎日を気ままに過ごしていた。 80歳の頃より，高血圧と診断され，並行して認知症状も現れてきた。 タバコを1日1箱くらい吸うことが，習慣となっている。
今までの一日の過ごし方	午前中は，自室にて横になっていることが多い。午後からは，近くに住む同級生が集まってくることで，昔話で盛り上がっていた。漁師時代の習慣なのか，夕方に海の様子を見に行くことも，日課となっていた。夕食後は，長男と和室で過ごしているが，これといった会話はない。入浴は好きな様子で，ほぼ毎日入浴をしている。

趣味・楽しみ・特技	友人・地域との関係
タバコ（1日1箱）。近所に住む，同級生とのおしゃべりが楽しみになっている。夕方に海を見に行くこと。妻と買い物に出かけ，自分の好きなものを買う。妻の作ってくれる料理を食べる。夜は，和室で長男と同じ時間を過ごす。	妻の支援を受けつつ，近所の同級生2～3人とお茶を飲みながら，昔話を楽しんでいる。昔から，現在の居所で生活をしており，人柄も良いことから，周囲の人たちは，本人のことを受け入れてくれている。

≪本人及び家族の主訴≫

本人	この頃すぐに物事を忘れてしまって困る。年だから仕方がないと思っている。 隣近所に友達がいるので，お茶を飲みながら，集まって話をするのが楽しみである。
家族	1ヵ月前より認知症がひどくなり，大声を出したり，手が出ることがある。介護疲れも出てきて，どう対応していいか分からない。今後のことも不安であるため，相談にのってほしい。

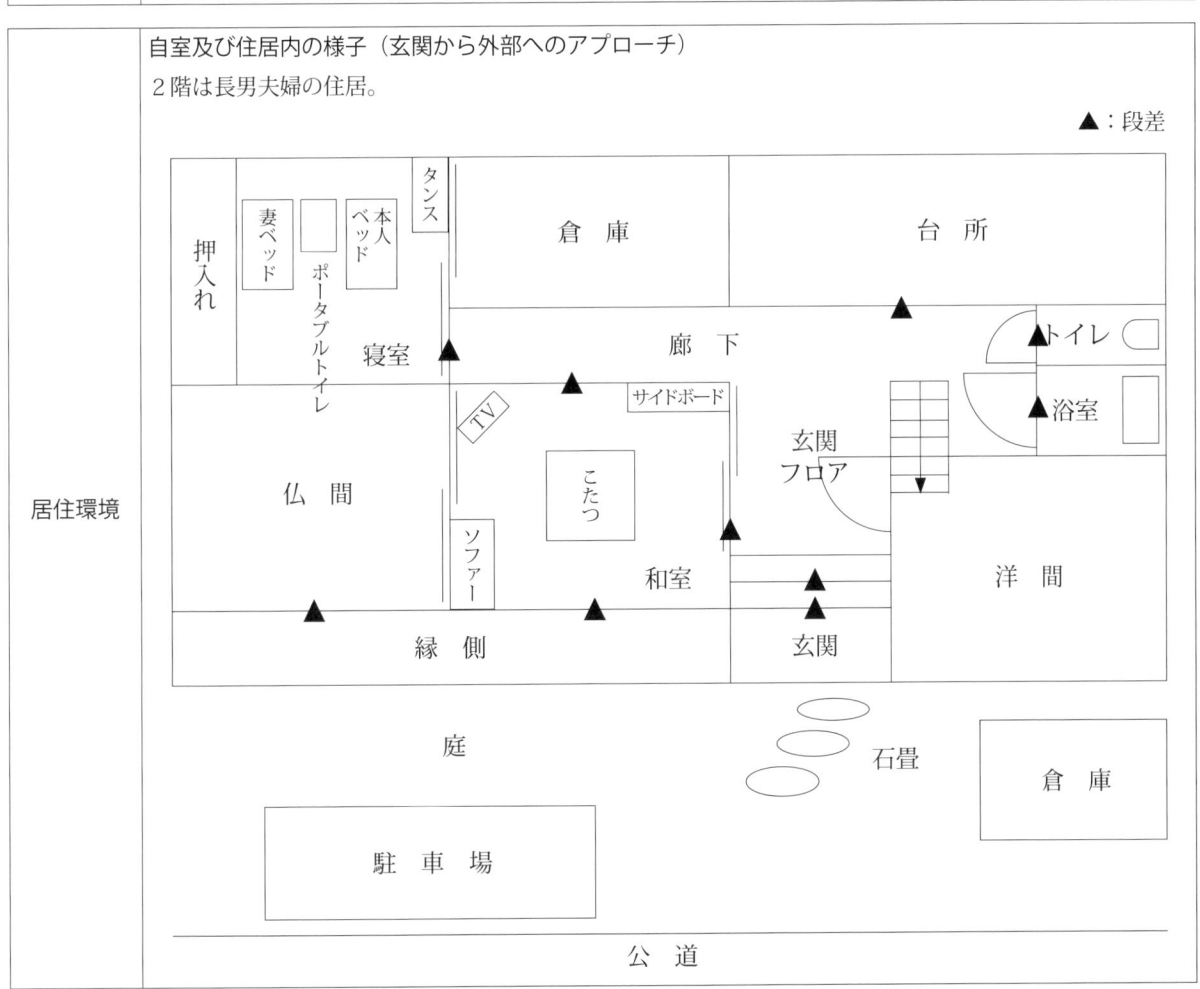

居住環境	自室及び住居内の様子（玄関から外部へのアプローチ） 2階は長男夫婦の住居。 ▲：段差 ［間取り図：寝室（押入れ，妻ベッド，本人ベッド，ポータブルトイレ，タンス），倉庫，台所，廊下，トイレ，浴室，仏間（TV），こたつ，サイドボード，玄関フロア，ソファー，和室，縁側，玄関，洋間，庭，石畳，倉庫，駐車場，公道］

認知症 / 生活習慣病（糖尿病） / 脳血管疾患（脳梗塞） / 筋骨格系疾患（脊柱管狭窄症） / 末期がん / 虐待

愛介連版アセスメントシート ―認知症―

ご利用者氏名　　　　　　　作成日　　年　月　日

グループ化	分析項目	以前の生活を踏まえた今の暮らし（原因背景を捉えて今の暮らしを考える）	生活に対する意向（本人・家族の意向）	予後予測・リスク	多職種の意見（社会資源・情報合む）	課題の整理	生活目標（私の望む生活像）	優先順位	生活全般の解決すべき課題（ニーズ）
① 健康行為指標	健康状態（身長、体重、生活習慣等）	身長163.2cm、体重58.5kg。60歳の時、脊柱管狭窄症で手術をした。少しの歩行障害があった（左下垂足）。78歳の時から高血圧、アルツハイマー型認知症と認知症診断され、1カ月前より認知症治療薬服薬中。歩行にふらつきがあり、転んだように見えることがある。タバコは昔から吸っている（1日1箱）でやめられない。	本人：時々転びかけて妻に支えられることが多いが、まだまだ大丈夫だと思う。タバコは、身体によくないと分かっているが、今はやめられない。家族（妻）：認知症がひどくならないようにしたい。	認知症の進行、悪化。喫煙者のため、認知症の進行にも影響する。薬の服薬により、唯一の楽しみであるタバコを禁止されるとストレスがたまる。	主治医：自立しているが、認知症による周辺症状が著しい場合服薬治療サービス利用による改善も期待できる。薬の副作用を確認する。	①認知症の進行に伴う周辺症状に対して生活の困難を改善する。	1)妻と一緒に散歩したり、海を見に行ったりすることができる。 2)いつまでも、近所の同級生と集まって、お茶を飲みながら話ができる。	①	物忘れがだんだんひどくなり、不安にならないように生活したい。
指標	じょくそう・皮膚の問題	特になし。	特になし。	特になし。	特になし。				
	口腔衛生	総義歯は、あまり手入れされておらず、口臭もある。	認知症が進行し、悪化すると歯を磨かなくなる可能性がある。	薬が変化すると、悪化する可能性がある。	歯科衛生士：口腔ケアについて確認。	②口腔内の衛生面のケアが必要。	認知症という疾患の特性から、継続していくことが困難になることも予測されるため、目標としても継続できる目標と判断した。		転ばないよう気を付けて、毎日の日課である海を見に行きたい。
② 行為指標	ADL（移動、入浴、更衣、整容等）	日常生活自立度：AI 移動：足の運びが悪く、ずり足で歩く（左下垂足）。昼間は、妻と一緒に散歩に行っている。夕方近くの海を見に行き、湯船につかる程度。更衣：妻が声をかけると自分で着替える。	本人：自分のことは、自分でとかできるし妻と一緒に歩くのも不自由はない。夕方近くの海を見に行きたい。家族（妻）：転倒しないように見守っていてほしい。お風呂は入っている。	認知症により、手すりがさされていないため、危険の危険性あり。認知症の進行により、転倒の危険性があるため、歩行や入浴に影響がある。着替えは何もしなくなる可能性がある。	主治医：移動能力の低下、転倒の危険性あり。見守り介助が必要。PT：安全な移動方法、家でできるリハビリの確認。福祉用具の利用を検討。	③毎日の日課である昔からの習慣として、妻と海を見に行くことを継続できるようにする。	現状や心身の変化が大きくなっていき、ニーズ・介助が調が変化してきた時に、改めて検討する。	②	歯の手入れや体を洗うことを忘れずに生活したい。
	IADL（調理、掃除、洗濯、買い物、金銭管理、服薬状況等）	家事全般：昔から妻が行っている。買い物：妻と一緒に行き、自分の好きなお菓子を買う。金銭の管理：妻が全て行う。薬の管理：忘れるため、妻が準備する。	本人：面倒なので、あまりしていない。		特になし。				
	食事摂取（食事環境、食事の準備、食事量、回数等）	食事環境：妻の作った料理を一緒に食べている。準備・回数：妻が3食、作る。食事の管理：食欲は旺盛で、偏食なく、3食しっかり食べる。嗜好：好き嫌いはない。間食も多く、特に甘いものが好きがあれば食べてしまう（特にチョコレートケーキが好き）。食事のバランス：妻が考えて作っている。BMI：22	本人：妻から何にでも食べている。本当においしい。家族（妻）：何でも食べてくれる。偏食なく食べてくれるが、間食も多く太りすぎが心配。	家事全般の負担が増える可能性がある。	妻がしっかり料理してくれて、偏りなく食べることができる。好きなものを忘れることもあるため食べ過ぎることが多くなる。そのため病気の管理ができなくなる。	④洗髪や洗身ができなくなっていき、声をかけ介助をしなかったら過ごすことが多くなる。		③	妻がリフレッシュできる介護ができるように時間を過ごせるようにしたい。
					主治医：体重コントロール、栄養管理の確認。			④	

52

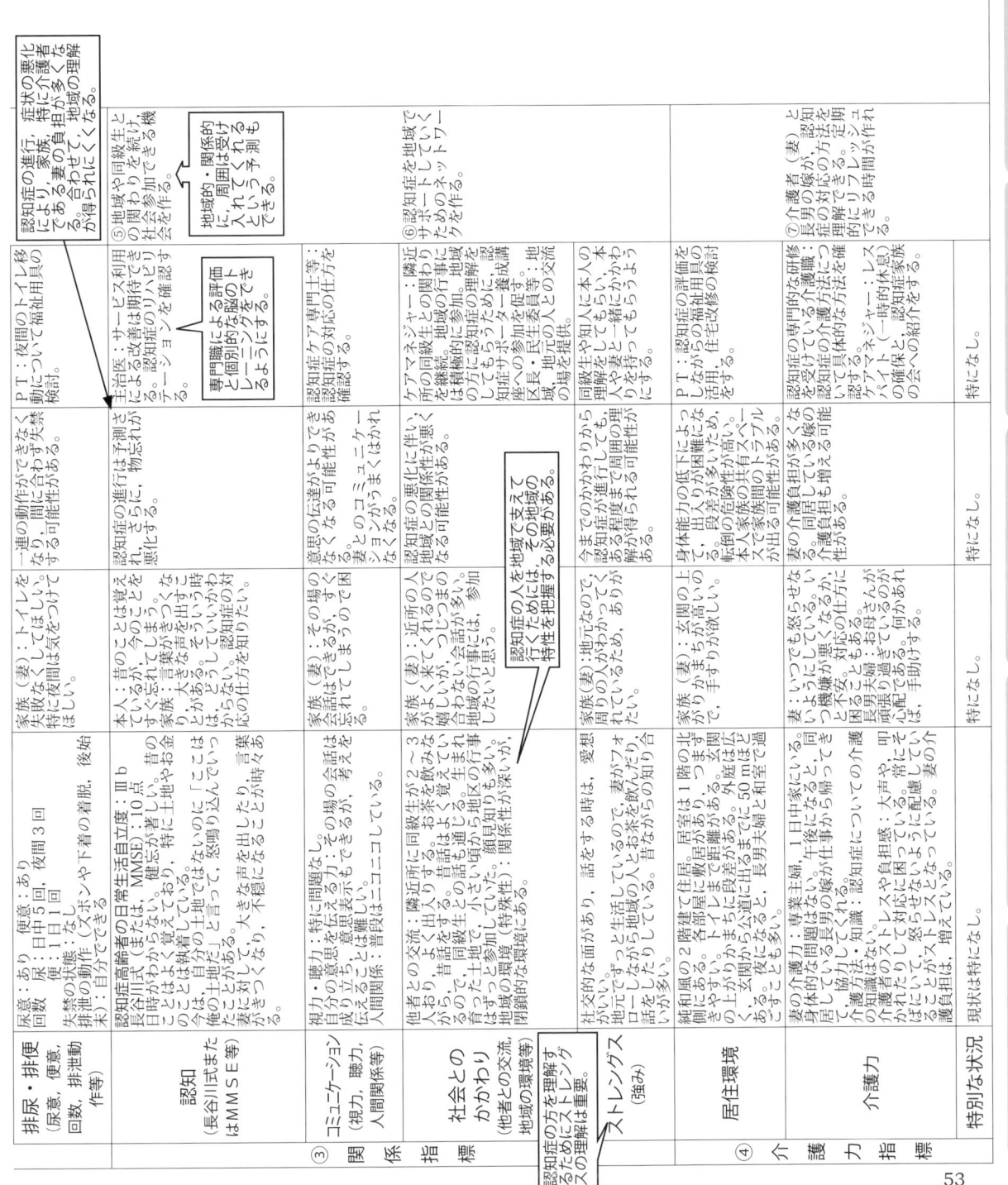

第3章 アセスメントのモデル事例とポイント

認知症 / 生活習慣病（糖尿病）/ 脳血管疾患（脳梗塞）/ 筋骨格系疾患（脊柱管狭窄症）/ 末期がん / 虐待

指標	項目	本人・家族の状況	課題・リスク	対応・支援方針
	排尿・排便（尿意、便意、回数、排泄動作）	尿意：あり 便意：あり 回数：日中5回、夜間3回 尿便：1日1回 失禁の状態：なし 排泄の動作（ズボンや下着の着脱、後始末）：自分でできる	家族（妻）：トイレを失敗なくしてほしい。特に夜間は気をつけてほしい。	一連の動作ができなくなり、間に合わず失禁になる可能性がある。	PT：夜間のトイレ移動について福祉用具の活用を検討。	認知症の進行、症状の悪化により、家族、特に妻の介護負担が多くなる。地域の理解が得られにくくなる。
③認知関係指標	認知（長谷川式またはMMSE等）	認知症式の日常生活自立度：Ⅱb 長谷川式、またはMMSE：10点 日時がわからない。健忘が著しい。昔のことはよく覚えており、特に昔のお金のことは執着している。今は、自分の土地ではないのに「ここは俺の土地だ」と言って、大きな声を出したり、不穏になることがある。	本人：昔のことは覚えているが、今のことを忘れてしまう。家族：大きな声を出すときは、どうしていいかわからない。認知症の対応の仕方を知りたい。	認知症の進行は予測され、さらに、物忘れが悪化する。	主治医：サービス利用による改善は期待できない。認知症のリハビリデータを確認する。 専門職による評価と個別的なトレーニングをするように。	⑤地域や同級生との関わりを続け、社会参加できる機会を作る。地域的・関係的に、周囲は受け入れているという予測もできる。
	コミュニケーション（視力、聴力、意思表示、人間関係等）	視力・聴力：特に問題なし。自分の意思を伝えることは難しいが、普段はニコニコしている。	家族（妻）：その場の会話はできるが、すぐ忘れてしまうので困る。	意思の伝達がよりできなくなる可能性がある。妻とのコミュニケーションがうまくはかれなくなる。	認知症ケア専門士等：認知症の対応の仕方を確認する。	
	社会とのかかわり（他者との交流、地域の環境等）	他者との交流：隣近所に同級生が2～3人いて、お茶を飲みに来て、昔話はよく覚えているので、昔話を通じて話も合って楽しんでいた。地域の行事も小さい頃から地区の人と顔見知りも多く、ずっと参加していた。地域の環境（特殊性）：関係性が深い方にある。	家族（妻）：近所の人や、同級生が来て、つごうまで会話が合わない会話の行事にはあまり参加していない。	認知症の悪化に伴い、地域との関係性の悪くなる可能性がある。	ケアマネジャー：隣近所の同級生との関わりを継続し、地域の行事に積極的に参加は、認知症の方への認知症の理解を促す。認知症サポーター養成講座、地域・民生委員、地域の人との交流の場を提供。	⑥認知症を地域でサポートしていくためのネットワークを作る。
			認知症の人を地域で支えて行くため特性を把握する必要がある。			
	居住環境	純和風の2階建で住宅。居室は1階の北側の部屋で敷地からまでトイレがまで段差があり、廊下には多数50cmほど過ぎ、玄関からは公道まで段差がある。夜にはよく起きて、夜トイレに行くと和室で長男夫婦の部屋を通過する。	家族（妻）：地元なので、周りの人が多いが、認知症が進行してから、どの程度まで理解を得られるか、心配なところがある。	今までかかわりが多くなる。今まで認知症の進行しても、ある程度周囲の理解が得られる可能性がある。	同級生や知人、本人の理解をしてもらい、妻と一緒にかかわってもらうようにする。	
④介護力指標	介護力	妻の介護力：専業主婦。1日中家にいる。午後に長男の嫁が仕事から帰ってくると協力をしてくれる。介護方法・知識：認知症への対応の仕方を困るが、長男夫婦、特に嫁について、心配をしなくて済む配慮している。介護の知識はストレスや怒ったりして対応できないことが多い。長男夫婦、特に嫁について心配をしなくて済む配慮している。介護負担は、増えている。	家族（妻）：いつでも怒らないようにしているが、同じ機嫌が悪くなる。困ることは、お客さんが何かあれば、手助けする。	身体機能の低下による、出入りが困難になる。段差が多いため、転倒の危険性が高い。本人・家族間のトラブルで家族間が出る可能性がある。	PT：認知症の福祉の評価をしながら、活用と住宅改修の検討をする。認知症の専門的な評価を受けながら、介護方法について具体的な方法を定期ショートステイの確保や、認知症家族の会への紹介等する。	⑦介護者（妻）認知症の嫁の対応方法を理解してリフレッシュできる時間が作れる。
	特別な状況	現状は特になし。	特になし。	特になし。	特になし。	特になし。
	ストレングス（強み）	社交的な方で、話をするのが好きで、地元でずっと生活しているので地元の人と同じくらいすぐにお茶を飲んだり話をしたりしている。昔ながらの知り合いが多い。				

認知症の方を理解するためには、ストレングスの理解は重要。

53

第1表

居宅サービス計画書（1）

作成年月日　年　月　日

初回 ・ 紹介 ・ ⓔ継続　　　認定済 ・ 申請中

利用者名　A　様　　生年月日　年　月　日　　住所

居宅サービス計画作成者氏名

居宅介護支援事業者・事業所名及び所在地

居宅サービス計画作成（変更）日　年　月　日　　初回居宅サービス計画作成日　年　月　日

認定日　年　月　日　　認定の有効期間　年　月　日　～　年　月　日

要介護状態区分	要介護 1　・　ⓔ要介護 2　・　要介護 3　・　要介護 4　・　要介護 5
利用者及び家族の生活に対する意向	本人：この頃すぐに物事を忘れてしまって困る。転ばないように気をつけて、妻と一緒に散歩したり、海を見に行くことは続けたい。今まで通り、近所の同級生と集まって、お茶を飲みながら昔話をして、住み慣れた家で暮らしていきたい。 家族（妻）：1カ月前より、認知症がひどくなり、どう対応していいかわからない。 （長男夫婦）：母の体調が心配。介護に協力しながら、父にも穏やかに生活してもらいたい。
介護認定審査会の意見及びサービスの種類の指定	
総合的な援助の方針	① 今まで通り、妻と海を見に行ったり、近所の同級生と集まって話をしたり、地域の行事に参加できるようにしましょう。 ② いつまでも近所の同級生と集まってお茶を飲みながら話ができるようにしましょう。 ③ 認知症の病気の理解と介護の方法を学んで、周りの協力を得ながら、家での生活を続けていきましょう。
生活援助中心型の算定理由	1．一人暮らし　　2．家族等が障害、疾病等　　3．その他（　　　　　　）

居宅サービス計画書の説明を受け、同意し受領しました。　　同意年月日　平成　年　月　日　　氏名　　　　㊞　　続柄

54

第3章 アセスメントのモデル事例とポイント

居宅サービス計画書（2）

第2表

利用者名　A　　　様　　　　　　　　　　　　　　　　　　　　　　　　　作成年月日　年　月　日

生活全般の解決すべき課題（ニーズ）	援助目標				援助内容				
	長期目標	（期間）	短期目標	（期間）	サービス内容	※1	サービス種別	※2	頻度	期間
物忘れがだんだんひどくなり困っている。不安にならないように生活したい。	物忘れが、少しでも進まないようにし、不安なく過ごせる。	○年○月○日～○年○月○日	受診や内服、周りの対応で、物忘れによる不安感が少なくなり、穏やかに過ごせる。	○年○月○日～○年○月○日	病状管理、内服治療、状態に合わせて治療方針を検討する。	○	主治医	Ｎクリニック	月1回	○年○月○日～○年○月○日
					認知症専門医からの指導、アドバイス、認知症ガイドブックの説明、総合相談。		認知症専門医	○○認知症専門病院	月1回	○年○月○日～○年○月○日
					各事業所と連携、対応の仕方を共有する。		家族			○年○月○日～○年○月○日
			物忘れ等の症状が進行しないように他の人との交流の中で変化や刺激がある生活を送る。	○年○月○日～○年○月○日	脳のリハビリを計画的に行い、物忘れ等の症状の悪化を防ぐ。レクリエーション（音楽療法等）の参加。	○	通所リハビリ	○○通所リハビリ	週3回	○年○月○日～○年○月○日
転ばないように気を付けて、毎日の日課である妻と周りの散歩を見に行きたい。	妻と一緒に家の周りの散歩ができる。	○年○月○日～○年○月○日	部屋の中を転ばずに歩くことができる。	○年○月○日～○年○月○日	つまずきやすいので、転倒を防ぐために、下肢筋力の向上、段差訓練、歩行訓練等のリハビリを行う。	○	通所リハビリ	○○通所リハビリ	週3回	○年○月○日～○年○月○日
					安全な住環境を整備するために手すり等の提案を行う。		妻・本人			○年○月○日～○年○月○日
					各部屋の敷居の段差解消。玄関の上がりかまちの段差解消、手すりの取り付け。	○	住宅改修	○○工務店		○年○月○日～○年○月○日
歯の手入れや体を洗うことを忘れるので、手伝ってもらいながら気持ちよく生活したい。	口腔内や身体の清潔が保てて、気持ちよく生活が継続できる。	○年○月○日～○年○月○日	安全な環境で、体を洗ってもらうことで気持ちよく生活できる。	○年○月○日～○年○月○日	入浴介助：自宅では、洗身洗髪ができていないため介助で行う。移動時、更衣時の転倒に注意する。	○	通所リハビリ	○○通所リハビリ	週3回	○年○月○日～○年○月○日
			口の中をきれいにして、気持ちよく食事や会話ができる。	○年○月○日～○年○月○日	口腔機能向上加算：歯科衛生士による口腔ケアの指導、アドバイス。義歯の手入れ、口腔体操等。レクリエーションの参加等。	○	通所リハビリ	○○通所リハビリ	週3回	○年○月○日～○年○月○日
妻も本人も精神的時間を作り、妻の介護への不安が継続できる生活を継続できるようにしたい。	妻も本人も精神的に安定して在宅生活が継続できる。	○年○月○日～○年○月○日	介護者も休息時間を作り、本人も精神的に安定した環境を作る。	○年○月○日～○年○月○日	定期的にショートステイを利用する。24時間通して本人の認知症状への把握、安心した環境を提供する。	○	短期入所療養介護	○○老人保健施設		○年○月○日～○年○月○日
			介護者（妻）が気軽に相談できる場所や窓口ができる。	○年○月○日～○年○月○日	認知症家族の会、家族介護者教室への参加。		認知症家族の会介護者教室	○○ケアプランセンター		○年○月○日～○年○月○日
					各事業所、ケアマネが連携支援。		事業所・ケアマネ・妻			
			介護方法を理解することで、介護者の精神的負担を少なくする。	○年○月○日～○年○月○日	通所リハビリの職員から認知症ケアの方法について指導する。訪問指導。	○	通所リハビリ	○○通所リハビリ	週3回	○年○月○日～○年○月○日

※1 「保険給付対象か否かの区分」について、保険給付対象内サービスについては○印を付す。
※2 「当該サービス提供を行う事業所」について記入する。

週間サービス計画表

第3表

利用者氏名 　A　　　様　　　　　　　　　作成年月日　　年　月　日

時間	月	火	水	木	金	土	日	主な日常生活上の活動
4:00 (深夜)								
6:00 (早朝)								起床 朝食（妻と）
8:00 (午前)								
10:00	通所リハビリ		通所リハビリ		通所リハビリ			近所の人とお茶を飲む
12:00								昼食（妻と）
14:00 (午後)								
16:00								海を見に行く 夕食（妻と） 入浴（一人で入る）
18:00 (夜間)								
20:00								就寝
22:00 (深夜)								
24:00								夜間3回トイレ
2:00								
4:00								

週単位以外のサービス：住宅改修。Nクリニック。短期入所療養介護。

第3章 アセスメントのモデル事例とポイント

サービス担当者会議の要点

第4表

利用者名	A 様	開催場所	Nクリニック	氏名		作成年月日　年　月　日
開催日　年　月　日				サービス計画作成者（担当者）氏名		
				開催時間		開催回数

会議出席者

所属（職種）	氏名	所属（職種）	氏名	所属（職種）	氏名
本人		主治医		短期入所療養（介護）（相談員）	
妻		通所リハビリ（相談員）		住宅改修	
近所の同級生		通所リハビリ（PT）		ケアマネジャー	

検討した項目

居宅サービス計画書（第1・2・3表）の原案について
① 生活目標・援助方針やニーズの共有
・認知症が進行しているため、専門医につなげることについて
② 具体的なサービス内容について

検討内容

① 生活目標・援助方針の共有
妻：認知症の周辺症状（暴言や暴力）の対応に困っている。
主治医：認知症専門医への紹介、連携を図る。通所リハビリを利用することの必要性を説明し、サービス利用の指示・アドバイスをする。
ケアマネジャー：認知症の進行状況を主治医へ報告（通所リハビリのPTから認知症の評価と合わせて情報提供する）。
② 具体的なサービス内容
・地域の中で本人がいつまでも暮らしていけるように支援を検討。
通所リハビリ：これ以上認知症が進行しないように認知症リハビリを行う。転ばないようにするための環境整備・歩行・身体のリハビリテーション。
歯科衛生士からの情報：口腔ケア・定期的な口腔内チェック。
住宅改修：玄関の上がりかまちに手すりを取り付ける。敷居の段差解消。
短期入所：本人が穏やかに過ごせる環境を整える。感情が不安定になる状況を把握する。
近所の同級生：地域の人や同級生の中で認知症を理解する。受け入れと対応の仕方を学ぶ。

結論

居宅サービス計画書（第1・2・3表）の原案について同意を得る。
① 主治医から認知症専門医へ紹介状を書いてもらう。専門医へ家族が連れて行く。
② 通所リハビリで、本人が意欲的に取り組めるように、本人に合ったリハビリを行う。リハビリ計画書作成にあたり、認知症専門医との連携を図る。妻の介護負担を軽減する方法について、通所リハビリの訪問時に指導する。負担が増さないように、短期入所生活介護を利用する。

残された課題
（次回の開催時期）

次回、モニタリング時期にサービス担当者会議を開催する。

2 生活習慣病（糖尿病）

○概要

　糖尿病は，インスリン作用の不足による慢性の高血糖状態が続く代謝疾患です。その多くは「Ⅱ型糖尿病」であり，口渇，多飲，多尿，体重減少などの症状が出ます。生活習慣と非常に密接な関係にあり，自覚症状がなくても重篤になれば神経障害や網膜症や腎症などを引き起こすために軽視してはいけない病気です。

　糖尿病につながる長年の生活習慣を変えることは容易ではありません。仕事上で不規則な生活をせざるを得ない環境にあった人，よくないと知りつつも健康的でない生活習慣を変えられなかった人など，その背景はさまざまです。しかし，利用者本人が現状を受け入れて治療，生活改善に取り組んでいくことは容易ではありません。今までの生活を制限することは，苦痛だけでなく，治療への意欲を削いでしまうおそれもあるからです。生活習慣と治療を融合し，利用者本人が治療のみならず運動や食事などに気を配るきっかけが持てるような目標設定をしていきます。

　血糖値は内服管理だけでなく，食事療法や運動療法も不可欠ですので，日常生活の様子を把握して医療との連携を図ることも大切です。同居家族の協力を得られるか，とりわけ独居や高齢世帯の場合には専門職などの協力体制が必要です。

　認知症の発症により，正しく内服管理や自己注射ができなくなる可能性もあり，さまざまな視点から多職種連携によるアプローチが必要となります。

○一般的なアセスメントのポイント

- 現在の生活だけをアセスメントしていませんか。
- 糖尿病についての病識（病気としての自覚）を確認していますか。
- 現在，どの病期に本人がいるのか確認できていますか。
- 糖尿病の治療だけを目標にしていませんか。
- 悪い生活習慣だから病気になったと指摘して，これを正そうとしていませんか。
- 利用者の生活状態を踏まえない治療プログラムを押しつけていませんか。
- 日々の生活を維持・改善しながら治療を継続できる条件や環境を検討していますか。

○見落としがちなアセスメントのポイント

- 食事内容や食事量，食べる速さなど，気をつけなければならないレベルは人それぞれです。「食生活に気をつけて」だけではなく，本人の食生活のアセスメントが大切です。
- 生活状況と検査データとを照らし合わせて状態像をとらえることが大切です。数値だけにとらわれ過ぎると，生活上のニーズが見えなくなります。
- 高血糖が続くと，血管が詰まりやすくなり，細い血管（目，腎臓，神経）に障害が出やすくなります。初期には自覚症状がありませんので，そうした段階から合併症の進行を防ぐことが大切です。
- 低血糖は薬の飲み合わせや，飲み違え，不規則な食事などで起こりやすくなります。主治医から，兆候や症状があった際の対応（処置）について確認しておきましょう。

愛介連版フェイスシート 利用者基本情報 ―生活習慣病（糖尿病）―

担 当 者 _____

≪基本情報≫

相談日	年　月　日　受付方法（来所 ・ 電話 ・ その他（　　　　　　））
本人の状況	■在宅　□入院または入居中（　　　　　　　　　　　　　　）
フリガナ 本人氏名	B　　　　性別　男　　生年月日　○年　○月　○日　**72**歳
住所	T市　　　TEL ○○○-○○○-○○○○ 　　　　FAX ○○○-○○○-○○○○ 　　　　MAIL ＊＊＊＊@＊＊＊＊
日常生活自立度 主治医意見書 （　年　月　日）	障害高齢者の日常生活自立度　□自立　□J1　■J2　□A1　□A2　□B1　□B2　□C1　□C2 認知症高齢者の日常生活自立度　□自立　■Ⅰ　□Ⅱa　□Ⅱb　□Ⅲa　□Ⅲb　□Ⅳ　□M
認定情報	要介護状態区分等　要介護2 有効期間　○年○月○日　～　○年○月○日　（前回の要介護状態区分等　要支援2　）
障害等認定	身障手帳（□有（種類　　　級）・■無）　療育手帳等（□有（種類　　　級）・■無） 精神障害者保健福祉手帳（□有（種類　　　）・■無）　指定難病（□有（種類　　　）・■無） 医療費控除になる対称の特定疾病等（□有（種類　　　級）・■無） 身障・療育手帳の内容：
本人の 住居環境	■持家　　（■戸建　　□集合住宅）　　□借家 自室　■有　□無　（　1　）階　　住宅改修の必要性　■有　□無
経済状況	本人は，元トラックの運転手。2ヵ月に24万円支給されている。預貯金が500万円あり。
来所者 （相談者）	地域包括支援センター　　　続柄　　　　　家族構成
住所	
連絡先	

緊急連絡先	氏名	続柄	住所・連絡先
	○○　○○	妹	T市　○○○-○○○-○○○○
	○○　○○	弟	U市　○○○-○○○-○○○○

家族構成図：
- 72歳（本人、1人暮らし）
- 68（市内、車で20分）― 70
- 66（U市、車で1時間）― 64
- 40 ― 43（他県、車で1時間）
- 10

≪現病歴・既往歴と経過≫（新しいものから書く・現在の状況に関連するものは必ず書く）

年月（歳）	病名	医療機関・医師名 （主治医・意見書作成者に☆印）	経過	内容（治療中の場合のみ）
○年○月（70歳）	糖尿病性網膜症	Tクリニック	■治療中 □経過観察中 □その他	1～2ヵ月に1回
○年○月（65歳）	糖尿病（Ⅱ型）	T市基幹病院	■治療中 □経過観察中 □その他	1ヵ月に1回
年　月（　歳）			□治療中 □経過観察中 □その他	
年　月（　歳）			□治療中 □経過観察中 □その他	

≪現在利用しているサービス≫

フォーマル	インフォーマル
・訪問介護（週2回）	妹 弟 姪（妹の子ども）

≪介護に関する情報≫

今までの生活	4人兄弟の長男として生まれる。18歳から農業系の会社に就職し，25歳で転職して長距離トラックの運転手になる。両親が相次いで病死し，弟の学費を含め，収入を増やす必要があった。食事はほとんど外で済ませ，洗濯は手洗いで簡単に済ます程度の日常であった。酒，タバコも好きで1日に2箱ぐらい吸っていた。妹が25歳で嫁ぎ，弟も大学卒業後他市で就職し，1人暮らしとなった。姪（妹の子ども）をかわいがっていた。姪は結婚で遠方に嫁いだ。定年退職後も同じような生活が続き，65歳で糖尿病と診断された。食事療法から始めたが，1人暮らしのために規則正しい食生活ができなかった。そのため糖尿病が悪化し，66歳で内服の治療が始まり，70歳で糖尿病性網膜症となり現在に至る。
今までの一日の過ごし方	朝も10時ごろに起きて，昼と朝を一緒に食べて，1日2食。昼から近くのコンビニに，酒やタバコを買いに行き，その後昼寝をして，夜は近所の居酒屋へ行くことが多かった。

趣味・楽しみ・特技	友人・地域との関係
酒（1日に日本酒2合）・タバコ（1日1箱）。演歌等を聴くことが楽しみであった。	行き付けの居酒屋の飲み仲間。

≪本人及び家族の主訴≫

本人	1人で気ままに暮らしたい。 妹や弟の世話にはなりたくない。
家族	妹は，兄が糖尿病と言われても生活が変わらず，症状が進行していくことを心配している。自分がかかわりたいが，週に1回程度しか様子を見に行けない。いろいろなサービスを使うことで，兄の生活を成り立たせてほしい。

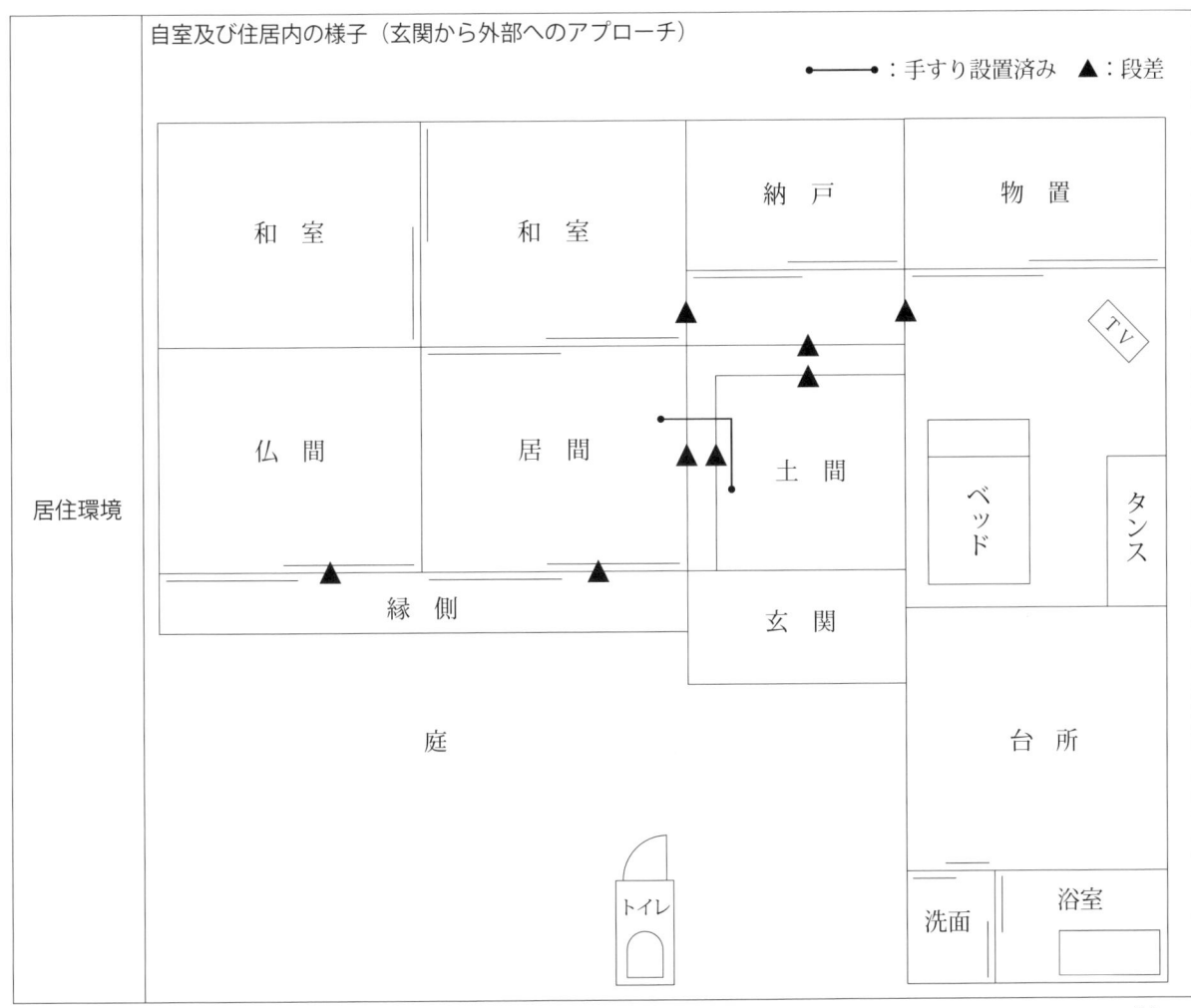

居住環境：自室及び住居内の様子（玄関から外部へのアプローチ）

―●― : 手すり設置済み　▲ : 段差

愛介連版アセスメントシート ―生活習慣病（糖尿病）―

ご利用者氏名
作成日　　　年　　月　　日
担当者氏名　B

分類	分析項目	以前の生活を踏まえた今の暮らし（原因背景を捉えて今の暮らしを考える）	生活に対する意向（本人・家族の意向）	予後予測・リスク	多職種の意見（社会資源・情報を含む）	課題の整理	生活目標（私の望む生活像）	優先順位	生活全般の解決すべき課題（ニーズ）
①健康指標	健康状態（身長、体重、生活習慣等）	身長165cm、体重65kg 以前の仕事柄外食が多かったから、食事は不規則で外食好きで、1日に2食程度過ごすこともあった。酒やたばこが好きで、定年後も、特に生活を気にすることなく過ごしていた。市の健診で血糖値が高いことを忘れ、放置していた。妹の勧めで受診し、65歳で糖尿病と診断。食事療法を開始するも、続けることができず、66歳で内服治療が始まり、70歳で糖尿病性網膜症と診断されて、血糖値は安定せず、インスリン注射の話が出ている。	本人：糖尿病は怖いと言われたが、どうしてよいのかわからない。糖尿病が進行しているのを心配している。	糖尿病進行による三大合併症への進行のおそれ。	医師：内服薬によるコントロールをもとにして必要な治療を施す。看護師、さまざまなインスリン注射指導、さまざまな症状に対する処置や生活指導を行う。	①疾患の現状維持を保つため、内服治療、定期受診を継続、外出する機会を作る必要がある。	1) 兄弟がひ配することがないように自宅で一人暮らしを続け、両親の供養を続けたい。 2) 姪たちと一緒に外出したい。	①	血糖値が悪化しないようにして、制限の範囲内で美味しい物が食べたい。
	じょくそう・皮膚の問題	特に問題ない。	特になし。	感覚鈍麻による小さな傷からの感染のおそれがある。糖尿病性神経障害の可能性。	看護師：発赤時には、悪化傾向なら受診を提案する。				一人暮らしなので緊急時に困らないようにしたい。
	口腔衛生	特に問題ない。	特になし。	特になし。	特になし。			②	
②行為指標	ＡＤＬ（移動、入浴、更衣、整容等）	日常生活自立度：J2 移動：室内であれば杖歩行できる。 入浴：3日に1回程度、シャワー浴を行う。 整容：自分で行っているが、着替えは入浴時しか行わない。 排泄：自立。ただし、週に1回程度、間に合わないことがある。	本人：出かけるところがないから、身だしなみは、特に気にしていない。先生からは運動も必要だと聞いたが、あまりやりたくない。身だしなみは、もうちょっと気を配りたい。	着替えや入浴をしなくなり、清潔が保てなくなる。視力低下、感覚鈍麻による転倒の危険性がある。	訪問介護：屋内の掃除、転倒しそうな物の除去などの支援。入浴や着替えができるように働きかけ。	②視力低下、感覚鈍麻による転倒による怪我を防ぐ必要がある。		③	身だしなみを整えて姪と外出したい。
	ＩＡＤＬ（調理、掃除、洗濯、買い物、金銭管理、服薬の管理、服薬状況等）	掃除、洗濯：介護サービスを利用している。 買い物：週に1回の妹の訪問時に、一緒に出かけている。 食事の準備：レトルトや白米の買い置きをレンジで温めて食べている。惣菜や缶詰などを食べている。 薬の管理：自己管理を行うが忘れがある。 金銭管理：自分で行えるが、預貯金の引き出し管理は、必要な時に妹の支援を受けている。	本人：体調が良ければ自分で買い物に行っているが、一緒に出かけたものを買ってしまう。食べたいものを買って食べている。なるべく、身体に良いものを食べるべきだ、好きなものを食べてしまう。この生活を変えないといけないと、わかってはいるが、なかなかきっかけがない。	目が見えづらくなっており、生活の改善の必要性はわかっているが、きっかけがないこと、さらに今の生活を継続されれば病気が進行していく。	薬剤師：服薬指導、生活指導、正しく薬を飲むための支援。	③清潔を保ち、出かける意欲が出るための支援。			

62

第3章 アセスメントのモデル事例とポイント

項目	状況	課題・リスク	支援内容
食事摂取（食事環境、食事の準備、回数等）	食事の環境：1人で食べることが大半だったが、行きつけの居酒屋で仲間と飲み食すこともある。食事の量：3食とも食べている。食嗜好：糖尿病を指摘されてから、食習慣を変えることはなかった。食事のバランス：レトルトや缶詰・白米の買い置きをレンジで温めて食べている。惣菜や缶詰などを早食いする。BMI：23.9	食事ができるだけ体に良いようなものを食べるようにしている。外食や買い食いが多く、自分で作ることはなかった。準備：外食や買い食いが多く、もともと自炊はなかった。料理・糖尿病を指摘されても、食習慣を変えることはなかったというか早食いである。	①栄養バランスの偏りによる糖尿病悪化のリスクや糖尿病性腎症併発のリスク。不規則な食生活による低血糖や高血糖症状の出現。インスリン注射の状態になるおそれがある。②看護師及び訪問介護・栄養士：食事バランスを考え、献立を作り、食事内容と血糖値の関係を確認する。④血糖コントロールできるための食事と運動が必要である。
排尿・排便（尿意、便意、回数、排便の動作等）	尿意：あり、便意：あり。回数：排尿1日に10回程度、排便2日に1回程度。排泄の動作（後始末など）：自立。	特になし。	糖尿病の進行による神経障害から排泄障害が起きるおそれがある。	特になし。
認知（長谷川式またはMMSE等）	認知症高齢者の日常生活自立度：I	特になし。	認知症状が出た際に、指示通り自己注射ができなくなるおそれがある。	看護師：指示通り注射ができているか確認。訪問介護：日常生活の様子を確認。
③コミュニケーション（視力、聴力、人間関係等）	視力：目が見えづらくなったことをよく言うようになった。聴力：特に問題ない。自分の意思を伝える力：特に問題ない。人間関係：もともと自分から他の人とコミュニケーションを図ることは少なかった。	本人：しっかり治療をしないと目が見えなくなると聞いた。そうならないようにしたい。	糖尿病性網膜症による失明のおそれがある。	医師：糖尿病性網膜症による失明などの状態像について確認する。
関係 社会とのかかわり（他者との交流、地域の環境等）	他者との交流：以前は、行き付けの居酒屋で、人とのかかわりがあったが、今は出かけていない。月に1回程度、話をかけてくれる。姪が電話をかけてくる。地域の環境：近所付き合いはない。	本人：姪からの連絡は楽しみ。	外出機会がないことにより閉じこもりがちになる。	⑤人と話すことは嫌いではないため、社会参加の機会を作っていく支援が必要である。
指標 ストレングス（強み）	妹や弟の親代わりとして働いてきたので、妹や弟の子どもたちもかわいがっている。	特になし。	特になし。	特になし。
④居住環境	昔からの木造住宅。玄関に門があり、そこから少し坂になっている。玄関から土間続きに居間に入るのに2段の段差がある。住宅改修にて取り付けた手すりがある。上り下がりは、この手すりを使っている。	本人：手すりが付いているので、とても楽である。	段差に手すりが付いているが、身体機能の低下により、出入りが困難になる。転倒の可能性あり。	PT：段差のある場所のリハビリ、楽しみながら運動できるための工夫をする。
介 介護力 指標	妹が、週1回程度様子を見に来て、買い物に連れ出す。姪も気にかけて連絡をくれるが、それぞれの生活があるため、日常的な支援は難しい。	本人：みんな、自分の家庭があるし、忙しい。何かなければ連絡はしなくていい。兄の力にはなりたいが、頻繁な訪問は難しい。一人の時に何かあったら心配である。	緊急時の連絡がいりスクがある。	緊急時の連絡体制。独居の地域支援、市町村、民生委員等との連携。	⑥一人暮らしのため、緊急連絡体制を整備する。
特別な状況	特になし。	特になし。	特になし。	特になし。

認知症 / 生活習慣病（糖尿病） / 脳血管疾患（脳梗塞） / 筋骨格系疾患（脊柱管狭窄症） / 末期がん / 虐待

居宅サービス計画書（1）

	作成年月日　　年　月　日
	初回・紹介・継続　　認定済・申請中

利用者名　　B　　様　　生年月日　　年　月　日　　住所

居宅サービス計画作成者氏名

居宅介護支援事業者・事業所名及び所在地

居宅サービス計画作成（変更）日　　年　月　日　　初回居宅サービス計画作成日　　年　月　日

認定日　　年　月　日　　認定の有効期間　　年　月　日　〜　年　月　日

要介護状態区分	要介護1 ・ <u>要介護2</u> ・ 要介護3 ・ 要介護4 ・ 要介護5
利用者及び家族の生活に対する意向	本人：気ままに一人暮らしが続けたいので病気が進行しないように管理ができるようにしたい。 兄弟に心配をかけないように暮らしたい。 食べることが好きなので好きな物や姪たちと食事に出かけたい。 妹：今まで親代わりとなってくれた兄なので、病気が悪くならずに年を重ねることができるように応援したい。
介護認定審査会の意見及びサービスの種類の指定	
総合的な援助の方針	① 妹や弟たちが心配しないように病気の治療をして、自宅で一人暮らしを続け、両親の供養をできるようにしましょう。 ② 姪たちと外出し、制限の範囲内で美味しい物を食べに出かけられるようにしましょう。 　　緊急時連絡先　…　妹 　　緊急時の搬送病院　…　T市基幹病院
生活援助中心型の算定理由	①一人暮らし　2. 家族等が障害、疾病等　3. その他（　　　）

居宅サービス計画書の説明を受け、同意し、受領しました。	同意年月日　平成　年　月　日　　氏名　　　　　　　㊞　　続柄

第3章 アセスメントのモデル事例とポイント

居宅サービス計画書（2）

利用者名　B　　　様　　　　　　　　　　　　　　　　　　　　　　　　作成年月日　○年○月○日

第2表

生活全般の解決すべき課題（ニーズ）	援助目標				援助内容				
	長期目標	（期間）	短期目標	（期間）	サービス内容	※1	サービス種別	※2	頻度	期間
血糖値が悪化しないようにして、制限の範囲内で美味しい物が食べたい。	血糖値が安定して、食への楽しみがもてる。	○年○月○日～○年○月○日	日頃の状況を伝えることができる。	○年○月○日～○年○月○日	診察、内服調整含む治療		主治医	T市基幹病院	月1回	○年○月○日～○年○月○日
			インスリンが自己注射できるようになる。	○年○月○日～○年○月○日	血糖チェック、生活指導	○	訪問看護	○○訪問看護ステーション	週1回	○年○月○日～○年○月○日
			薬の飲み忘れがない。	○年○月○日～○年○月○日	薬剤師によるお薬相談を含む管理。		居宅療養管理指導（薬剤師）		月2回	○年○月○日～○年○月○日
			身体のことを考えた食事ができる。	○年○月○日～○年○月○日	栄養バランスを考えた献立と食事づくり。ヘルパー不在時の食事の確保。		訪問介護○○宅配サービス	○○ヘルパーステーション	週3回	○年○月○日～○年○月○日
一人暮らしなので、緊急時に姪に困らないようにしたい。	一人暮らしを続けることができる。	○年○月○日～○年○月○日	連絡体制を作り、必要時には連絡が取れる。	○年○月○日～○年○月○日	総合相談。どんな時にどこに連絡をしたらいいか、わかるような工夫。		居宅介護支援	○○ケアプランセンター	随時	○年○月○日～○年○月○日
					定期的な地域の見守り。		民生委員包括支援センター	○○地域包括センター	随時	○年○月○日～○年○月○日
身だしなみを整えて姪と外出がしたい。	姪と出かけ、季節に合った服を買うことができる。	○年○月○日～○年○月○日	お風呂につかり体を清潔に保つことができる。	○年○月○日～○年○月○日	入浴介助（見守り）。		訪問介護	○○ヘルパーステーション	週4回	○年○月○日～○年○月○日
			近所の公園まで歩くことができる。	○年○月○日～○年○月○日	外出できるための歩行訓練。	○	訪問リハビリ		週1回	○年○月○日～○年○月○日

※1　「保険給付対象か否かの区分」について、保険給付対象内サービスについては○印を付す。
※2　「当該サービス提供を行う事業所」について記入する。

週間サービス計画表

第3表

利用者氏名　B　様　　　　　　　　　　　　　　　　　　　　　　作成年月日　年　月　日

	月	火	水	木	金	土	日	主な日常生活上の活動
深夜 4:00								
早朝 6:00								起床・朝食（朝食前にインスリン）
午前 8:00								テレビを見る。天気が良ければ買い物と受診。
10:00		訪問介護		訪問介護		訪問介護		
12:00							妹の訪問	昼食
午後 14:00			訪問看護	居宅療養管理指導（薬剤師月2回）	訪問介護		買い物	
16:00	訪問リハビリ							
夜間 18:00								夕食（夕食前にインスリン）
20:00								
22:00								就寝
深夜 24:00								
2:00								
4:00								

週単位以外のサービス	T市基幹病院受診（月1回）。

サービス担当者会議の要点

第4表

利用者名				様					作成年月日　　　年　　月　　日
開催日　　年　　月　　日	開催場所	利用者宅	氏名		サービス計画作成者（担当者）氏名				
					開催時間		開催回数		

会議出席者	所属（職種）	氏名	所属（職種）	氏名	所属（職種）	氏名
	本人		訪問看護ステーション（看護師）		地域包括支援センター	
	妹		訪問看護ステーション（PT）		薬剤師	
	主治医		訪問介護		ケアマネジャー	

検討した項目	居宅サービス計画書（第1・2・3表）の原案について ① 病状の理解と今後の治療について ② 援助方針や目標の確認 ③ サービス利用頻度・内容・留意事項 ・一人暮らしのため、緊急連絡体制の整備について

検討内容	① 病状の理解と今後の治療について 主治医：病状の説明とインスリン導入についての説明と理解。訪問看護と訪問リハビリの必要性の説明とサービス利用の指示・アドバイス。 ② 本人の意向の確認と目標の共有 ③ サービス内容 訪問看護：インスリン導入のための支援（自己管理の指導・確認）と生活指導。 薬剤師：服薬指導、正しく薬を飲むための支援。 PT：姪と出かけるために、外で歩く練習を行う。自宅でできる運動の提案（本人が通所サービスに行きたくないため）。 訪問介護：生活面全般の支援。日頃の状況を報告。入浴の声かけと見守りを行う。 地域包括支援センター：一人暮らしのサポートを行う。 ・緊急時を想定して、連絡体制の確認等を行う（低血糖症状への対応等）。

結論	居宅サービス計画書（第1・2・3表）の原案について受け入れができた。 ①は、本人がインスリン治療について同意を得ることができた。 ③は、インスリンの自己管理・生活全般の指導については訪問看護が行う。病状が悪化しないように、インスリン・服薬管理・食事指導等各担当者間で情報を共有しながら統一した支援を行う。食事が楽しみなので、楽しみながら健康管理ができるように支援する。

残された課題 （次回の開催時期）	3カ月後に評価をし、必要に応じて担当者会議を開催する。

3　脳血管疾患（脳梗塞）

○概要

　脳梗塞(のうこうそく)は，脳の血管が詰まったり，破れたりして，その先の細胞に栄養が届かなくなり，細胞が死んでしまう病気です。急に倒れて意識がなくなったり，呂律(ろれつ)が回らなくなったりする発作が起きます。さらに，からだの片側が麻痺(まひ)したり，言葉が出なくなったり，ものが飲み込めなくなったりします。発作後に寝たきりになると，使わない筋肉がこわばって動かなくなるという合併症も出ます。脳の血管が詰まるタイプが脳梗塞，脳の血管が破れるタイプが脳出血です。

　最近は脂質異常症や糖尿病などが増えたために脳梗塞が増えています。発作後に目が覚めた時，手足が動かなかったり，言葉がわからなくなったりするということを考えれば，本人が混乱し，状況を受け入れられない場面は想像できるでしょう。基本的には発症から1ヵ月程度を急性期，それ以降を慢性期（回復期・生活期）と呼んでいます。回復期については，回復期リハビリテーション病棟というものがありますが，平均的な入院期間は75日程度で，長くても180日で退院になります。

○一般的なアセスメントのポイント

- 左右の上下肢の動きの確認（麻痺の状況）は重要ですが，感覚のことも聴いていますか。動作上の影響の背景には感覚の麻痺がつながっています。
- 認知症の具体的な行動や状況を確認していますか。人によって状況は異なりますので，できるだけ具体的な出来事を確認しましょう。
- 歩行を含む移動については，具体的な方法まで聴いていますか。
- 日常生活動作（食事，排泄，入浴，着替え，整容の状況）を個別具体的に聴いていますか。
- 病前の暮らしの様子に，性格や趣味，これまで大切にしてきたことなどを聴いていますか。

○見落としがちなアセスメントのポイント

- 病気を発症して，3ヵ月程度（入院期間）が回復するうえで最も重要な時期です。

- 手足の動きとは別に，手や足がどこにあるのか感覚が鈍くなったり，痺れや痛みなどが出ることもありますので，本人にも確かめてみましょう。
- 失語症などの言語障害は，聴いて理解できる，文字で理解できる，言葉で表出できるなどのさまざまな状態像があります。意思の疎通としてどんな方法がよいのか，本人のみならず家族や専門職に確認しましょう（失語症と構音障害は別の障害です）。
- 認知症と高次脳機能障害は，生活上，周囲にわかりにくいことがあるかもしれません。両者は全く別の疾病なので，対応の方法，生活に及ぼす影響も変わってきます。
- 手や足の麻痺については，最初は弛緩性（柔らかい状態）ですが，だんだん痙性麻痺（固い状態）になり，関節拘縮（関節の動く範囲の制限）を伴ってきます。手や足がどのようになっていくのか，どのように注意するのかを確認しておくことが大切です。
- 嚥下障害や失語症を含む高次脳機能障害などは，時間をかけることで改善していくこともあります。今後の予後や対応の方法について情報を得ておきましょう。
- 転倒について，どんな時にリスクが高いか，どんなことに注意すればよいか，具体的な内容を確認し，環境の調整や歩行補助用具（杖や歩行器など），車椅子や福祉用具について，事前に情報を確認しておきましょう。
- 医師や看護師，ＰＴ，ＯＴ，ＳＴ等の専門職と連携（連絡）が取れるようにしておきましょう。

愛介連版フェイスシート　利用者基本情報　― 脳血管疾患（脳梗塞）―

担当者

≪基本情報≫

相談日	年　月　日　受付方法（来所 ・ 電話 ・ その他（　　　　　　））				
本人の状況	□在宅　　■入院または入居中（　　　　　　　　　　　　　　　　　）				
フリガナ 本人氏名	C	性別	男	生年月日	○年　○月　○日　**75**歳
住所	Z市		TEL FAX MAIL	○○○-○○○-○○○○ ○○○-○○○-○○○○ ＊＊＊＊＠＊＊＊＊	
日常生活自立度 主治医意見書 （　年　月　日）	障害高齢者の日常生活自立度	□自立　□J1　□J2　□A1　□A2　■B1　□B2　□C1　□C2			
	認知症高齢者の日常生活自立度	□自立　■Ⅰ　□Ⅱa　□Ⅱb　□Ⅲa　□Ⅲb　□Ⅳ　□M			
認定情報	要介護状態区分等　　要介護2 有効期間　○年○月○日　～　○年○月○日　（前回の要介護状態区分等　　新規申請　）				
障害等認定	身障手帳（□有（種類　　申請中　　　級）・■無）　療育手帳等（□有（種類　　　　　級）・■無） 精神障害者保健福祉手帳（□有（　　　　　　）・■無）　指定難病（□有（種類　　　　　）・■無） 医療費控除になる対称の特定疾病等（□有（種類　　　　　級）・■無） 身障・療育手帳の内容：				
本人の 住居環境	■持家　　（■戸建　　□集合住宅）　□借家 自室　■有　□無（　　1　　）階　　住宅改修の必要性　■有　□無				
経済状況	厚生老齢年金2ヵ月50万円。				
来所者 （相談者）	○○病院相談室医療ソーシャルワーカー		続柄		家族構成 2人暮らし
住所					
連絡先					
緊急連絡先	氏名	続柄	住所・連絡先		
	○○　○○	妻	同居 ○○○-○○○-○○○○		
	○○　○○	長男	Z市○○町 ○○○-○○○-○○○○		

家族構成図：
75（本人、キーパーソン、無職）― 70（妻）
子：46（会社員、市内・車で5分）、43（主婦、隣県・車で2時間）― 45（会社員）、孫6

≪現病歴・既往歴と経過≫（新しいものから書く・現在の状況に関連するものは必ず書く）

年月（歳）	病名	医療機関・医師名 (主治医・意見書作成者に☆印)	経過	内容（治療中の場合のみ）
○年○月（75歳）	脳梗塞（再発）	△△病院(急性期)⇒ 転院 ○○病院（回復期） （☆ ○○医師（担当））	■治療中 □経過観察中 □その他	現在入院中。投薬治療（抗凝固薬・降圧剤・整腸剤）。リハビリテーション実施。
○年○月（70歳）	脳梗塞	○○病院	□治療中 ■経過観察中 □その他	
○年○月（60歳）	高血圧症	○○クリニック	□治療中 ■経過観察中 □その他	降圧剤を内服中。
年　月（　歳）			□治療中 □経過観察中 □その他	

≪現在利用しているサービス≫

フォーマル	インフォーマル
入院治療中	妻 長男

第3章 アセスメントのモデル事例とポイント

≪介護に関する情報≫

今までの生活	B市（同県）にて，3人兄弟（すべて男）の2番目として生まれた。経済的には，恵まれた環境で育ち，地元の高校卒業後，地元を離れ，A社に入社（工場勤務）した。 28歳で結婚。2子に恵まれた。妻は，家事と子育てに専念していた。 A社で管理職となり，定年退職を迎えた。仕事に力を入れながら，趣味も両立し，趣味を介した友人とも良好な付き合いをしていた。 〇年長女結婚。念願の初孫が生まれ，隣県に住む長女宅に月に1回程出かけていた。 〇年より高血圧と診断され内服を開始。 〇年に軽度の脳梗塞を発症するが，後遺症はほとんどなく，日常生活に問題はなかった。しかし，タバコは止めることができず，1日10本程度は吸っていた。 毎晩晩酌をしていた（ビール500ml程度）。 妻は，主婦仲間と自分の趣味を楽しんでいた。
今までの一日の過ごし方	定年後の生活は，6時頃起床し，散歩をすることが日課であった。 予定のない日中は，主にテレビを見ながら過ごしていた。

趣味・楽しみ・特技	友人・地域との関係
釣りや山歩きが好きであった。 活動的な性格で，車の運転も得意であった。	元同僚と釣りに出かけたりしていたが，今は疎遠気味。 地域との交流はあいさつ程度。

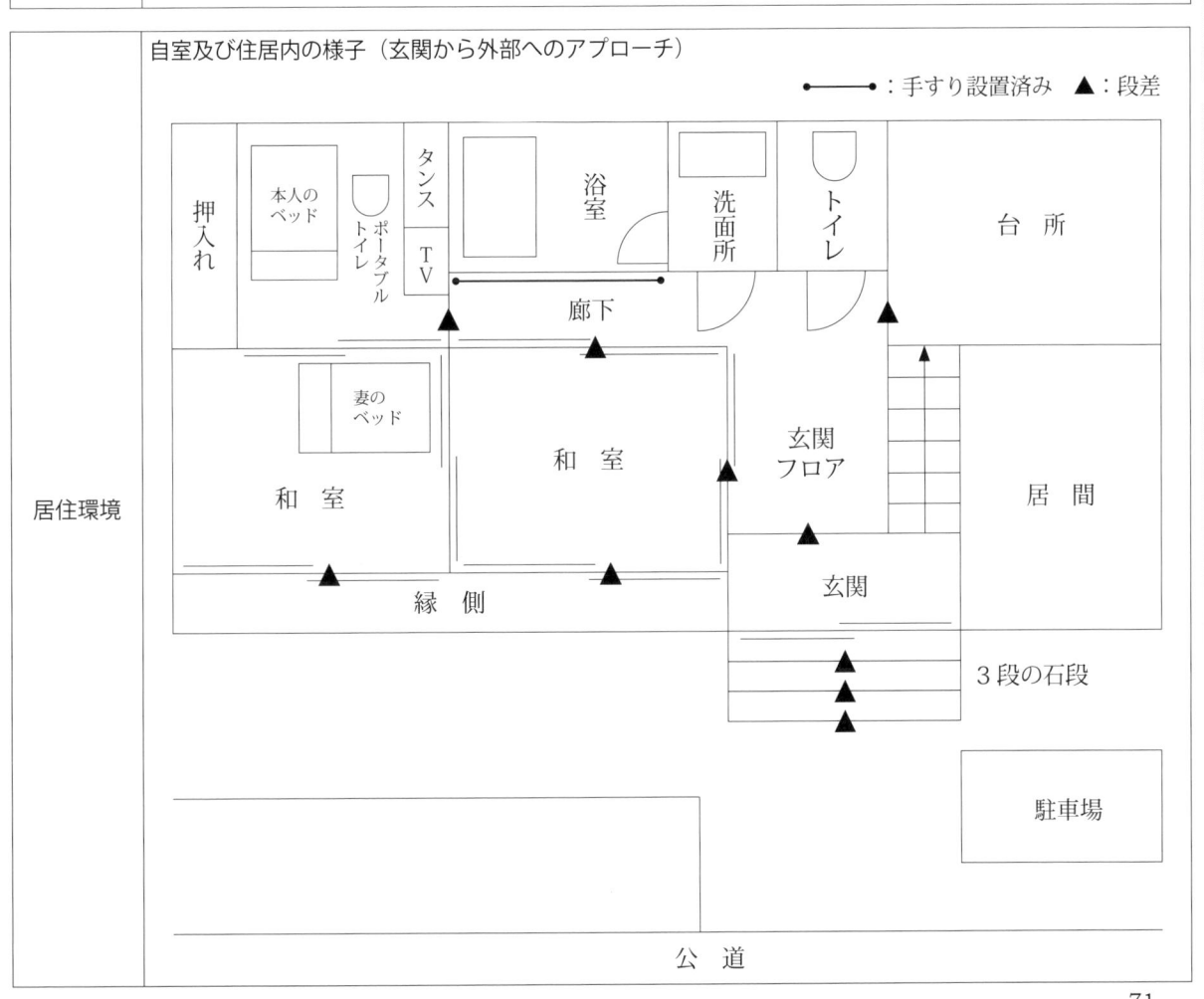

≪本人及び家族の主訴≫

本人	脳梗塞再発後，手足が不自由になったので，自宅での生活に不安がある。 再発によって，タバコを止められたことは良かったと思っている。
家族	退院に際して，介護の不安がある。 特に妻は自身の腰の痛みを気にしている。

居住環境：自室及び住居内の様子（玄関から外部へのアプローチ）

●—●：手すり設置済み　▲：段差

（間取り図：押入れ、本人のベッド、タンス、ポータブルトイレ、TV、浴室、洗面所、トイレ、台所、廊下、妻のベッド、和室、玄関フロア、居間、縁側、玄関、3段の石段、駐車場、公道）

認知症／生活習慣病（糖尿病）／脳血管疾患（脳梗塞）／筋骨格系疾患（脊柱管狭窄症）／末期がん／虐待

愛介連版アセスメントシート －脳血管疾患（脳梗塞）－

ご利用者氏名　　　　　　　　　　　　　　　　　　　　　　　　　　C
作　成　日　　　　　　　年　　　　月　　　　日
担当者氏名

グループ化	分析項目	以前の生活を踏まえた今の暮らし（原因背景を捉えて今の暮らしを考える）	生活に対する意向（本人・家族の意向）	予後予測・リスク	多職種の意見（社会資源・情報を含む）	課題の整理	生活目標（私の望む生活像）	優先順位	生活全般の解決すべき課題（ニーズ）
①健康指標	健康状態（身長、体重、生活習慣等）	身長168cm、体重70kg。タバコが好きで、毎日10本ほど吸っていた。朝6時に起きて、散歩をすることが習慣であった。70歳の時、右手の力が入らなくなり、検査の結果、脳梗塞の診断を受けた。症状はひどくなかった。75歳で再発し、失語症と右麻痺であった。現在はリハビリ目的で、入院中。	本人：脳梗塞の再発を起こさないで、妻ともう一度散歩を起こすことができてほしい。	脳梗塞の再発のおそれがある。	主治医：日常生活の留意事項を確認する。	①脳梗塞の再発を防ぐための支援。	1)再発を防止して、美味しく一緒に食事をする。	①	脳梗塞の再発を防いで健康で過ごしたい。
								②	妻の手料理を、右手で美味しく食べたい。
	じょくそう・皮膚の問題	特になし。	特になし。	特になし。	特になし。			③	トイレは自分で歩いていき、失敗なくできるようにしたい。
	口腔衛生	すべて自歯、歯磨きは左手で行っているが、磨き残しがある。口の中に残渣物がある。	本人：自分の歯を大切にして、食事をしたい。	残渣物が残ることで、口腔衛生が保たれない、誤嚥性肺炎のリスクがある。	看護師・ST：誤嚥性肺炎を予防するために気をつけることを確認する。歯科医：残渣物を清潔にして、口腔内を清潔にする方法を指導。		2)自信をつけて仲間に会う機会を作る。	④	失語症があるのでしゃべりにくいが、家族とうまく話がしたい。
②行為指標	ADL（移動、入浴、更衣、整容等）	日常生活自立度：B1。1回目の発症後は、すべて自立しており、入浴は好きで、毎日入っていた。移動は、屋内では、杖を着用して歩行。車外は、週2回介助にてシャワー浴。排泄は、トイレまではとりでで行える。ズボンの上げ下げは介助。更衣：介助。寝返りは可能。起き上がりは、つかまればほぼ可能。	本人：もっとできるようになると言い張っている。頑張りたい。家で風呂に入ってほしい。妻：転んだが心配。自分でできるように頑張ってほしい。	身体の向きを変える時まだ起こしたときの方法を習得していないため、バランスを崩して転倒の可能性がある。	PT：転倒した時の起き上がり方の方法を身体的に確認する状況とその対応策について、自宅でできるプログラム作成を依頼する。	②室内は、杖歩行できるため、転ばないようにする。③妻と一緒に、右手で食事をする。④トイレを失敗なくできる。⑤家で風呂にゆっくりはいる。		⑤	転ばないように気をつけて、ゆったりと湯船につかりたい。
	IADL（調理、掃除、買い物、洗濯、金銭管理、薬の管理、服薬状況等）	家事全般：買い物：妻がすべて行っている。金銭管理：自己管理をしていたが、忘れがちのため、現在は妻が行っている。	本人：妻に任せたいと思う。家事はしない。妻：家事がおっくうので心配。	妻の家事と介護が増え負担が大きくなる。	特になし。				
	食事摂取（食事環境、食事の準備、食事量、回数等）	食事の環境：妻と一緒に食べている。食事の量・回数：3食、食べている。妻の作ったものを、食べている。嗜好：好き嫌いはなし。外食を好んでいた。特にビールが好きであったが、味の濃いものを好んでいた。水分は、1200〜1500ml程度/日程度（500ml/日程度）飲んでいた。	本人：右手が少しでも使えるようになりたい。妻の手料理を美味しく食べたい。妻：一緒に食事をしたい。水分は、こぼさずに食べてほしい。	水分摂取が減少し、脱水の危険がある。	OT：右手での食事動作を進めるうえでの注意点を確認する。ST：食事の形態について確認をする。看護師：水分の摂取を何回かに分けて取ること等を確認する。				

第3章 アセスメントのモデル事例とポイント

側タブ(縦書き): 認知症 / 生活習慣病（糖尿病）/ 脳血管疾患（脳梗塞）/ 筋骨格系疾患（脊柱管狭窄症）/ 末期がん / 虐待

指標	項目	状況	課題・注意点	対応・連携	支援内容
	排尿・排便（尿意、便意、回数、失禁、排泄動作等）	食事のバランス：妻が考えて作っている。BMI:24.8。現在は、左手でスプーンを使用して食べる。右手で食べる練習をしている。時々むせることがある。尿意：有り　便意：有り。便：1日1回、夜間2回程度。肉類を過度に（3日に1回程度）の排便。便秘気味であった。便秘の状態。時に間に合わないため、失禁することがあるので念のためリハビリパンツを着用している。排泄の動作：ズボンや下着の着脱、後始末：日中はトイレまで行きて排泄する。自分でできるが間に合わない時がある。夜間はポータブルトイレを使用している。	便秘や失禁の可能性がある。立ち上がりや向きを変える時に転倒しやすいので注意が必要。	OT：着脱動作（ズボンの上げ下ろし）の注意点など具体的な方法について確認する。看護師：便秘にならないように、排便のコントロールを確認する。	
	認知（長谷川式またはMMSE等）	認知症高齢者の日常生活自立度：Ⅰ 特になし。	特になし。	主治医：注意すべきことや症状と生活で気をつけることを確認する。	脳卒中の再発から、脳血管性認知症の可能性がある。
③関係指標	コミュニケーション（視力、聴力、人間関係等）	視力・聴力：特に問題なし。自分の意思を伝える力：失語症により、自分の言葉が出てこない時がある。理解はできている。わかっていないときもある。人間関係：特に問題となることはなかった。	失語症からしゃべりにくいことから、気分が落ち込みがちになる。	ST：接し方の注意点を聞く。	⑥コミュニケーションが取れるようにする。⑦本人が自信をつけて、孫と遊び出すような機会を作る。⑧本人の楽しみを作る。
	社会とのかかわり（他者との交流、地域の環境等）	他者との交流：仕事中心の生活であったため、近所とのかかわりは少なく、散歩する程度であった。海釣りやそれぞれでのライフワークを楽しんでいた。入院をしてから、今までかかわっていた地域のライフワークで、連絡を取っていない。挨拶をする程度の環境で、関係性は深くない。	近所とのかかわりもなく、社会とのかかわりが少ないため、家に閉じこもる可能性がある。	娘に、孫と共に家に来てもらい働きかけをする。	
	ストレングス（強み）	まじめで、最後までやり遂げることができる性格である。家族に対する愛情が深い。家族との時間をうまく使うことを自分の時間を大切にしている。	今までの関係から遠ざかっている。	妻：本人の心情を確認し外食の提案をする。	
④介護力指標	居住環境	築40年の木造住宅、2階建で一軒家で、1階にベッドがある（詳細記入参照）。近隣は、同時期にできた住宅街で、年代も近い人が多い。	敷居やわずかな段差での転倒、玄関にある3段の右段の移動が困難であり、病院とは異なる環境なので、転倒はないか心配。	PT：転ばない方法について、アドバイスをする。3段の移動が安全に移動できる環境を求める。	
	介護力	妻は、介護の経験がなく、腰痛がある。長男・長女は他県に住んでおり、6歳の子どもがいて、月に1回程度、様子を見に来ている。長男は独身で、家の近くのアパートに住み、介護は、休みの日には協力するつもりである。	妻の腰痛が悪化し、ストレスにより不眠になる可能性がある。	看護師：介護方法を妻に介護教室の提案をする。ケアマネ：妻が定期的に休めるようにする。	⑨妻に介護方法を身につけてもらう。⑩妻が定期的に休めるようにする。
	特別な状況	特になし。	特になし。	特になし。	

73

第1表

居宅サービス計画書（1）

作成年月日　年　月　日

初回 ・ 紹介 ・ 継続　　　認定済 ・ 申請中

利用者名　C　様　生年月日　年　月　日　　住所

居宅サービス計画作成者氏名

居宅介護支援事業者・事業所名及び所在地

居宅サービス計画作成（変更）日　年　月　日　　初回居宅サービス計画作成日　年　月　日

認定日　年　月　日　　認定の有効期間　年　月　日　〜　年　月　日

要介護状態区分　要介護 1 ・ 要介護 2 ・ 要介護 3 ・ 要介護 4 ・ 要介護 5

利用者及び家族の生活に対する意向	本人：再発を防いで、健康で暮らしていきたい。 　　　妻にあまり迷惑をかけずに、一緒に暮らしていきたい。 　　　孫にも会いに行きたい。 妻：腰も痛いし、初めての介護なので不安があるが、夫が家に帰りたいと言うので、頑張って看ていきたい。
介護認定審査会の意見及びサービスの種類の指定	特になし。
総合的な援助の方針	① 再発を防いで、孫と一緒に、美味しく食事ができるようにしましょう。 ② 自信をつけて仲間に会う機会を作れるように頑張りましょう。 　　緊急時連絡先 … ○○○○
生活援助中心型の算定理由	1．一人暮らし　　2．家族等が障害、疾病等　　3．その他（　　　　　）

居宅サービス計画書の説明を受け、同意し受領しました。　同意年月日　平成　年　月　日　　氏名　　　　　　㊞　続柄

居宅サービス計画書（2）

第2表

利用者名　C　様　　　　　　　　　　　作成年月日　　年　月　日

生活全般の解決すべき課題（ニーズ）	援助目標				援助内容				
	長期目標	（期間）	短期目標	（期間）	サービス内容	※1	サービス種別	※2	頻度	期間

生活全般の解決すべき課題（ニーズ）	長期目標	（期間）	短期目標	（期間）	サービス内容	※1	サービス種別	※2	頻度	期間
脳梗塞の再発を防いで健康的に過ごしたい。	規則正しい生活を送ることができる。	○年○月○日～○年○月○日	自分で日課を作って生活ができる。	○年○月○日～○年○月○日	本人が自分で作った日課に従って生活する。		本人			○年○月○日～○年○月○日
	脳梗塞の再発を防ぐことができる。	○年○月○日～○年○月○日	定期的に受診しながら、自分で薬を管理することができる。	○年○月○日～○年○月○日	診療・治療・処方・医療相談等、定期的に通院する。		主治医家族（妻・長男）		2週に1回	○年○月○日～○年○月○日
					服薬の管理をきちんと行う。		本人			○年○月○日～○年○月○日
妻の手料理を、右手で美味しく食べたい。	右手で、スプーンを使って食べることができる。	○年○月○日～○年○月○日	右手で、スプーンを口まで近づけることができる。	○年○月○日～○年○月○日	作業療法士が、食事摂取動作の練習を行う。	○	訪問看護（リハビリ）	○○ステーション	週2回	○年○月○日～○年○月○日
	妻の手料理を美味しく食べることができる。	○年○月○日～○年○月○日	妻と一緒に、健康管理を考えた献立を作る。	○年○月○日～○年○月○日	妻と一緒に、脂肪分や塩分を控えた美味しい食事を考える。		本人・妻			○年○月○日～○年○月○日
					病院の栄養士が栄養指導を行い、体に良い食事の知識を伝える。		栄養士	○○病院		○年○月○日～○年○月○日
トイレは自分で歩いていき、失敗なくできるようにしたい。	失敗なく、1人でトイレができる。	○年○月○日～○年○月○日	トイレまで、歩いていくことができる。	○年○月○日～○年○月○日	理学療法士が、家の環境の中で、トイレ動作ができるように練習を行う。	○	訪問看護（リハビリ）	○○ステーション	週2回	○年○月○日～○年○月○日
					トイレ内の手すりの設置。	○	住宅改修	○○工務店		○年○月○日～○年○月○日
					杖で歩く練習をする。	○	通所リハビリ	○○デイケア	週2回	○年○月○日～○年○月○日
失語症があるので、しゃべりにくいが、家族とうまく話がしたい。	言葉で、家族に思いを伝えることができる。	○年○月○日～○年○月○日	自分の思いを、家族に理解してもらうことができる。	○年○月○日～○年○月○日	言語聴覚士による言語訓練。	○	通所リハビリ	○○デイケア	週2回	○年○月○日～○年○月○日
					病院の言語聴覚士から、コミュニケーションの取り方のアドバイスを受ける。		言語聴覚士	○○病院		○年○月○日～○年○月○日
転ばないように気をつけて、ゆったりと湯船につかりたい。	安全な環境で、自分の好きな時間に、ゆったりと湯船に入ることができる。	○年○月○日～○年○月○日	安全な環境のもとで、お風呂に入ることができる。	○年○月○日～○年○月○日	作業療法士が、入浴介助中に、起動作の指導、手すりの使い方の助言を行う。	○	通所リハビリ	○○デイケア	週2回	○年○月○日～○年○月○日
					浴槽内の手すりの設置。	○	住宅改修	○○工務店		○年○月○日～○年○月○日
					補助用具（シャワーチェア）の使用。	○	福祉用具購入	○○介護用品		

※1　「保険給付対象か否かの区分」について、保険給付対象内サービスについては○印を付す。
※2　「当該サービス提供を行う事業所」について記入する。

第3表

週間サービス計画表

利用者氏名　C　様　　　　　　　　　　　　　　　　作成年月日　年　月　日

時間	月	火	水	木	金	土	日	主な日常生活上の活動
深夜 4:00								
早朝 6:00								起床
午前 8:00								朝食（妻と）
10:00	訪問看護(リハビリ)	通所リハビリ		訪問看護(リハビリ)	通所リハビリ			
12:00								昼食（妻と）
午後 14:00								
16:00								
夜間 18:00								夕食（妻と）
20:00								
22:00								就寝
深夜 24:00								夜間2回トイレ
2:00								
4:00								

週単位以外のサービス	住宅改修、福祉用具購入。

76

サービス担当者会議の要点

第4表　　作成年月日　　年　月　日

利用者名	C 様	サービス計画作成者（担当者）氏名	
開催日	年　月　日	開催時間	開催回数
開催場所	病院相談室		

会議出席者

所属（職種）	氏名	所属（職種）	氏名
本人		病棟看護師	訪問看護ステーション（OT）
妻		病棟PT	住宅改修・福祉用具
主治医（病棟医）		通所リハビリ（PT・ST）	ケアマネジャー

検討した項目

〈退院後の在宅生活について〉
居宅サービス計画書（第1・2・3表）の原案について
① 急性期からの退院のため、現在の症状と予後予測について
② 本人と家族の意向の確認と目標の共有
③ 在宅での課題・ニーズとサービス内容について

検討内容

① 現在の症状と予後予測について
主治医：病状説明。今後の病状の経過と在宅で気をつけることの説明。通所リハビリと訪問看護の必要性の説明とサービス利用の指示・アドバイス。
病棟看護師：病状説明と在宅生活で気をつけること。
病棟PT：現在行っているリハビリの説明。到達目標と進捗状況。在宅でのリハビリへの情報提供。
② 本人・家族の意向と目標の共有
ケアマネジャー：在宅での環境・生活習慣・本人の思い、こだわり等を共有する。
③ サービス利用頻度・内容・留意についての確認
訪問看護（OT）：病院のリハビリテーションとの連携。在宅におけるトイレまでの移動、トイレ動作の指導、食事動作の指導。
通所リハビリ（PT・ST）：病院のリハビリテーションとの連携。入浴動作の指導。失語症のリハビリテーションの継続。
住宅改修・福祉用具：トイレの手すりの取り付け。家屋内の敷居や段差の解消。介護用ベッド・付属品の選定。

結論

居宅サービス計画書（第1・2・3表）についての同意を得る。
① は、再発を防ぐために、定期的受診と服薬管理を行う。受診介助と服薬管理は家族が行う。
③ は、通所リハビリのPTと訪問看護のOTとの連携を図り、統一した方向性でリハビリを行う。本人が意欲をもってリハビリと生活改善に取り組めるように、個別のリハビリ計画を元に支援する。

残された課題（次回の開催時期）

退院後1カ月経過時にモニタリングを行い、再度担当者会議を開催する。

4　筋骨格系疾患（脊柱管狭窄症）

○概要

　脊柱管狭窄症は狭窄した部位によって症状が異なります。痛みや痺れなどの感覚性の障害から，筋力低下，生活不活発へ進む可能性があります。姿勢によっても痛みや痺れの状態が変わります。起きている姿勢よりは寝ている姿勢の方が痛みや痺れが少ないため，寝ている時間が長くなる傾向があります。歩いている時は脱力や痛み痺れが出現し，休憩すると少し回復しますが，継続的な歩行ができなくなることもあります。少し前かがみの姿勢や，自転車に乗っている方が痛みや痺れが出にくいこともあります。

　排尿の障害が出ることもあります。手足のことだけにとらわれず，全身的な状態像を把握する必要があります。例えば，痛みや痺れが手に出現すれば，箸がすべって使いにくくなることや，杖が使いにくい場合もあります。歩行補助用具が必要な時も，福祉用具の業者だけではなく，身体の状況がわかっている医師やリハビリテーションの専門職に確認する必要があります。

　転倒の危険性は，少し前傾姿勢の方の場合，前への注意に加えて，後方に重心が偏りがちですので，後方にも注意が必要です。足首を曲げることも弱くなりがちですので，わずかな段差でもつま先が当たってつまずくこともあります。踏ん張りもきかなくなりますので，バランスを崩すと，そのまま転倒する危険性もあります。環境的な配慮と身体的な注意について，医師をはじめとする専門職との間で具体的な確認が必要です。

○一般的なアセスメントのポイント

- 手や足の動きに関する状況だけを聴いていませんか。
- 痛みや痺れがあるかどうか，どのような痛みであるかを聴いていますか。
- 歩行を含む移動については，具体的な方法まで聴いていますか。寝返りから起き上がりの基本的な動作をどのようにしているかを聴いていますか。
- 日常生活動作（食事，排泄，入浴，着替え，整容の状況）をそれぞれの動作で具体的にどのようにしているか聴いていますか。
- 病前の暮らしのことや，性格や趣味，こだわっていたことなどを聴いていますか。

○見落としがちなアセスメントのポイント

- 痛みや痺れの状況は，薬の効き具合でも変わってきます。姿勢でも変わることがあります。痛みや痺れの個別具体的な状態像を適切に把握しましょう。
- 排尿障害などの状況は一人ひとり異なっていますので，医師や看護師に確認しましょう。
- 痛みや痺れによる日常生活への影響（箸がすべって使いにくい，杖が持ちにくい等）を具体的に聴いてみましょう。その対応方法について，心身の状態や生活の仕方などを，医師等からも助言を得てみましょう。
- 痛みを我慢して歩いていないかを本人に確かめてみましょう。
- 背中を伸ばす状態が必ずしも良い姿勢とは限りませんので，適切な姿勢のあり方について本人によく説明して理解を深めていきましょう。
- 無理なく起きている状態を維持できるように，医師等からも適宜情報を得ていきましょう。
- 転倒について，どんな時にリスクが高いか，どこに注意するかなど具体的なポイントを確かめる際には，日常的に介護している家族や専門職からも情報を集めましょう。

愛介連版フェイスシート　利用者基本情報　─筋骨格系疾患（脊柱管狭窄症）─

担当者 _____

≪基本情報≫

相談日	年　月　日	受付方法（来所 ・ ⦿電話⦾ ・ その他（　　　　））
本人の状況	■在宅　□入院または入居中（　　　　　　　　　　　　）	

フリガナ 本人氏名	D	性別	男	生年月日	○年　○月　○日　**75**歳

住所	A市	TEL	○○○-○○○-○○○○
		FAX	○○○-○○○-○○○○
		MAIL	＊＊＊＊＠＊＊＊＊

日常生活自立度 主治医意見書 （　年　月　日）	障害高齢者の日常生活自立度	□自立　□J1　□J2　□A1　■A2　□B1　□B2　□C1　□C2
	認知症高齢者の日常生活自立度	■自立　□Ⅰ　□Ⅱa　□Ⅱb　□Ⅲa　□Ⅲb　□Ⅳ　□M

認定情報	要介護状態区分等　要介護2 有効期間　○年○月○日　～　○年○月○日　（前回の要介護状態区分等　要支援2　）

障害等認定	身障手帳（■有（種類　○○による○○の障害：体幹3級）・□無）　療育手帳等（□有（種類　　級）・■無） 精神障害者保健福祉手帳（□有（種類　　　）・■無）　指定難病（■有（種類　後縦靱帯骨化症　）・□無） 医療費控除になる対称の特定疾病等（□有（種類　　　　級）・■無） 身障・療育手帳の内容：

本人の 住居環境	■持家　　（■戸建　　□集合住宅）　　□借家 自室　■有　□無　（　1　）階　　住宅改修の必要性　■有　□無

経済状況	本人は，厚生老齢年金を受給中。2カ月50万円。 大手信用金庫を定年まで勤め上げたため，経済的な困難さはない。

来所者 （相談者）	地域包括支援センター	続柄	
住所			
連絡先			

緊急連絡先	氏名	続柄	住所・連絡先
	○○　○○	長女	B市 ○○○-○○○-○○○○
	○○　○○	次女	A市 ○○○-○○○-○○○○
	○○　○○	三女	他県 ○○○-○○○-○○○○

家族構成：1人暮らし（75歳本人●、長女47・B市 車で20分、次女45・A市 車で10分、三女42・他県 車で2時間、孫：次女の子ども、三女の子ども）

≪現病歴・既往歴と経過≫（新しいものから書く・現在の状況に関連するものは必ず書く）

年月（歳）	病名	医療機関・医師名 (主治医・意見書作成者に☆印)	経過	内容（治療中の場合のみ）
○年○月（60歳）	脊柱管狭窄症	Bクリニック（A病院からの紹介） ☆　○○医師	■治療中 □経過観察中 □その他	痛み止め（内服薬　頓用）。 2週間に1回の診察。
○年○月（60歳）	脊柱管狭窄症	A病院　○○医師	□治療中 ■経過観察中 □その他	1カ月に1回の診察。 経過観察中。
○年○月（55歳）	後縦靱帯骨化症	A病院　○○医師	□治療中 ■経過観察中 □その他	1カ月に1回の診察。 経過観察中。
年　月（　歳）			□治療中 □経過観察中 □その他	

≪現在利用しているサービス≫

フォーマル	インフォーマル
・訪問介護（食材等の買い出し）　・福祉用具貸与 ・訪問看護（リハビリテーション）　・居宅療養管理指導 ・○○弁当	・長女　　・大学時代の友人 ・次女　　・近所の工場の人たち ・三女　　・孫（次女の子ども，三女の子ども）

≪介護に関する情報≫

今までの生活	大手信用金庫に勤務していた。現役時代は，仕事柄人付き合いの範囲も広く，派手であった。 仕事で忙しかったため，近隣の付き合いは妻に任せていたが，きちんとしていたので，関係は良好である。 定年後は，原因がわからない両足のしびれや痛み，筋力低下が現れ，徐々に進行する。 70歳の時に妻が他界し，身近に身の回りのことを行ってくれる人がいなくなった。 奥さんが存命の時は，規則正しい食生活であったが，最近は食生活の偏りが見られる。
今までの一日の過ごし方	朝刊が届くのが楽しみ（株価の動向，経済の動きを知りたい）。 猫と日向ぼっこ，エサを与えるのが楽しみ。 昼食を届けてくれる工場の人の来訪とメニューを見るのが楽しみ（日曜日は，工場の昼食がないのが残念）。

趣味・楽しみ・特技	友人・地域との関係
タバコ1日20本程度。 株の上がり下がりをチェックすること。 自宅に集まってくる猫の世話。 同窓会に行きたいが，身体のこともあり，躊躇している。	同窓会に行きたいと思うが，身体が思うようにならないために，実際は参加できていない。 仕事中心の生活であったため，地域とのつながりは良好ではあるが，強いとは言えない。 近所の工場が弁当注文の際に，Dさんのために1つ余計に注文して届けてくれている（昼食）。

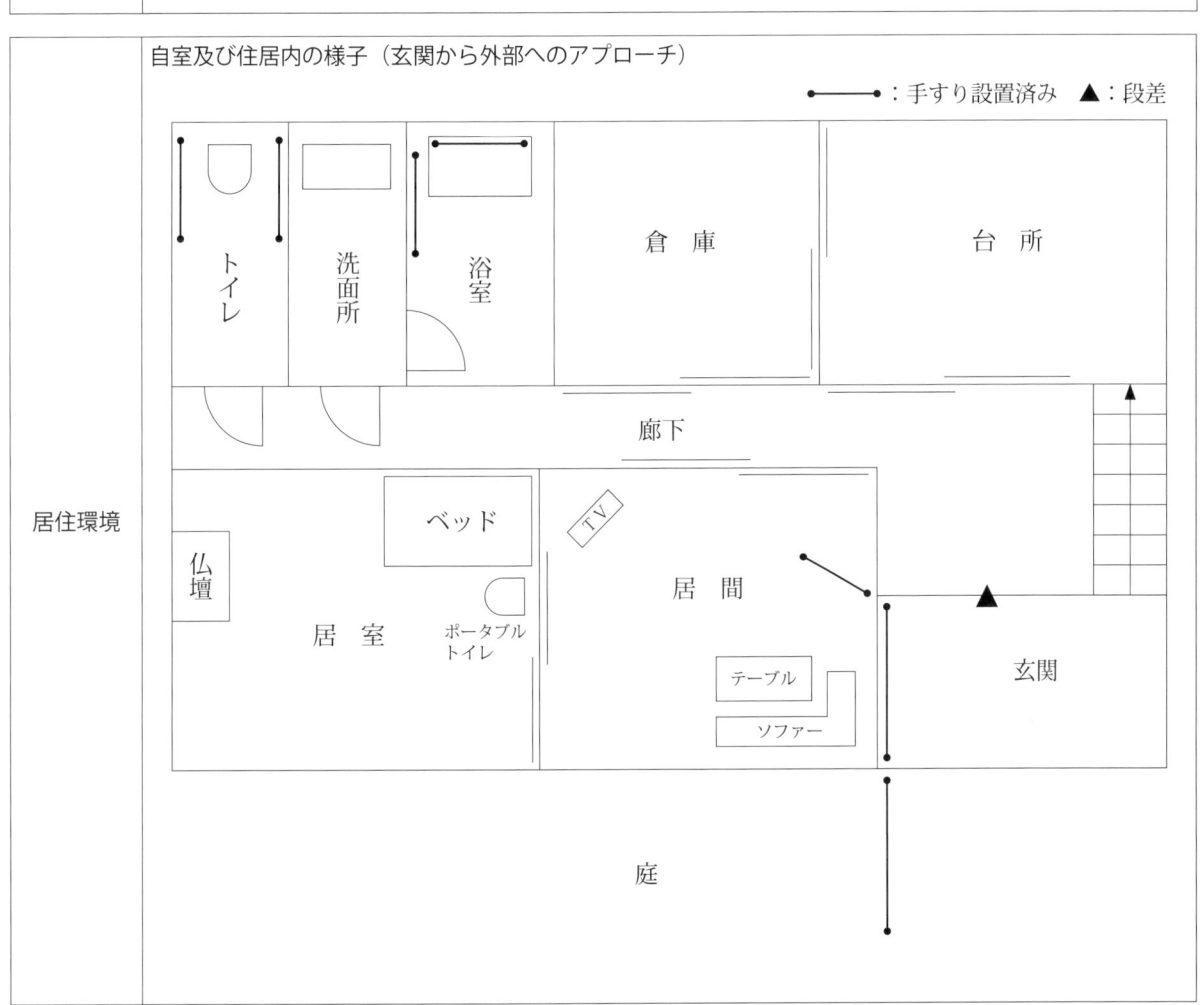

≪本人及び家族の主訴≫

本人	同窓会に行きたいと思うが，身体が思うようにならない。 できるだけ娘たちに迷惑をかけずに今の家で自分がかわいがっている猫と共に元気で長生きしたい。
家族	次女は週2回来て掃除・洗濯・ゴミ出し程度の世話をしている。 元気なうちは一人暮らしでも構わないが，健康のためタバコはいつか止めてほしい。

居住環境	自室及び住居内の様子（玄関から外部へのアプローチ） ●――●：手すり設置済み　▲：段差 [間取り図：トイレ, 洗面所, 浴室, 倉庫, 台所, 廊下, 仏壇, ベッド, 居室, ポータブルトイレ, TV, 居間, テーブル, ソファー, 玄関, 庭]

愛介連版アセスメントシート ―筋骨格系疾患（脊柱管狭窄症）―

ご利用者氏名　　　　　　　　　　　　　　　　　　　　　　D　年　月　日
作　成　日
担当者氏名

ゴール化	分析項目	以前の生活を踏まえた今の暮らし（原因背景を捉えて今の暮らしを考える）	生活に対する意向（本人・家族の意向）	予後予測・リスク	多職種の意見（社会資源・情報を含む）	課題の整理	生活目標（私の望む生活像）	優先順位	生活全般の解決すべき課題（ニーズ）
①健康指標	健康状態（身長、体重、生活習慣等）	身長170cm、体重68kg。15年前より腰部に痛みがあり、徐々に強くなった。現在脊柱管狭窄症と診断される。現在痛みや痺れが両下肢にあり、日中の活動性が低下。両下肢の筋力が低下し、低下傾向にある。喫煙歴長く現在も1日20本吸う生活を継続している。痛みのためか偏食から便秘傾向がある。	本人：タバコは止められない。だんだん、動かなくなった。痛み止めはあれ以上出せないと先生に言われたからなんとか痛みを和らげてほしい。	活動量の低下による痛みや痺れの増加。	主治医：痛みや痺れがあると思うが、もう少し動いてほしい。	①痛みや痺れが続き加齢とともに筋力の低下が予測される。体調管理が必要となる。	1）入院することなく自宅で痛みなく猫と一緒に過ごすことができる。	①	猫が唯一の心のよりどころなので、体調管理をして、猫の世話と妻の供養を続けていきたい。
						②トイレの失敗をなくす。		②	トイレの失敗をなくしたい。
	じょくそう・皮膚の問題	特にない。	特にない。	特にない。	特になし。		2）妻の供養を続けて3人の娘たちが幸せに暮らせるよう応援する。	③	経済の話などをしながら楽しく食事がとりたい。バランスのとれた食事がとりたい。
	口腔衛生	現在は自分で管理して、義歯はなく管理できている。	特になし。	特になし。	特になし。		3）自信をつけて仲間に会う機会を作る。	④	痛みが楽になるので湯船につかりたい。
	ADL（移動、入浴、更衣、整容等）	日常生活自立度：A2。起居動作：つかまれば寝返り、起き上がりができる。座位保持できる。移動：歩行は手すりを使用する。移動時、足が思うように上がらず転倒しそうになることがある。更衣：自分で行っている。排泄：間に合わないこともある。失禁もある。	本人：だんだん痛みや痺れが増えている。寝ている時に痛みが強くなり、このままで困る。家族：痛みよろけている時とぶつけている時があり心配。	前傾姿勢によること、②痛みと痺れで歩行が不安定。小さな段差などにつまずきやすくなるときどのような時に転倒する可能性があるか確認する。腰に負担がかからない移動方法について確認する。	PT：転倒に対する対応。	②痛みと痺れで歩いた時につまずく先などの身体的な危険因子について、つまずきや段差などの環境面での要因について、個別に確認しましょう。		⑤	一人暮らしのため困った時に連絡がつくようにしてほしい。
②行為指標	IADL（調理、掃除、洗濯、買い物、金銭管理、服薬の管理状況等）	家事全般：自分でできない。娘が時々来て掃除、洗濯をしている。他はヘルパーに依頼している。買い物：娘とヘルパーに依頼している。薬の管理：服薬管理は自分でできる。金銭管理：株が好きで株の下落のために多額のお金を投資する（車購入、学校入金など）。	本人：掃除・洗濯などは、この先もヘルパーにしてもらいたい。	特になし。	特になし。				
	食事摂取（食事環境、食事の準備、食事量、回数等）	食事の環境：1人で食べている。食事の準備：パンと弁当で特別な準備はない。食事の量：パンや昼は正午の工場に届いてくれる弁当を好んで注文する時は好意に甘えとっている。3食とっている。	本人：俺は野菜なんかいらん、何を食べてもこんな体じゃ治らん。家族：好き嫌いが多い。母が元気な時は、毎食きちんと食事を作ってくれた。	食生活の偏りから便秘になる。	看護師：食生活や薬剤で便秘について管理する。	③食生活の偏りが運動の機会が少ないことから便秘を繰り返している、バランスの良い食事をとる必要がある。			

（吹き出し）転倒の危険性については、前傾姿勢によることや、方向転換でバランスを崩した時に踏ん張ることができずに、つまずきが上がりきれずにつまずくことなどの身体的な危険因子について、段差などの環境面での要因について、個別に確認しましょう。

（吹き出し）便秘について、食生活に気をつけることは重要で管理することによる可能性を確認することも必要です。

第3章 アセスメントのモデル事例とポイント

項目	内容			
排尿・排便 (尿意、便意、回数、排泄動作等)	買い物:近くのスーパーやコンビニでへルパーに依頼する。 食事のバランス:偏食傾向 BMI:23.5 尿意:有り。便意:有り。 回数 尿:日中5回、夜間4回(頻尿傾向)。便:1日1回(便秘傾向がある)。 失禁の状態:たまに痛みが強い時は、間に合わないで痛みで失禁する時もある。失禁時は下着の着脱、排泄の動作(ズボンの下着の着脱、後始末)に手すりにつかまれば、何とか1人でできる。	本人:痛みと痺れでトイレに間に合わないことがある。動作に間に合わせて、失敗しないようにしたい。	OT・PT:夜間の排泄について福祉用具を検討する。	④トイレが間に合わないで間に合わないことがあるので、失敗なくトイレができる。 夜間の排泄時の転倒・失禁、間に合わないことを気にして、動作に転倒する危険性がある。また、間に合わないことによる失禁の可能性もある。
認知 (長谷川式またはMMSE等)	認知症高齢者の日常生活自立度:自立 特に問題はない。	特になし。	特になし。	失禁についての評価ができているか、失禁の原因を医師、看護師等医療職に確認する必要がある。
コミュニケーション (視力、聴力、人間関係等)	視力・聴力:特に問題なし。 自分の意思を伝える力:特に問題なし。 人間関係:高学歴。今でも世界の動き、株のことなど幅広い情報を得ているので話題は豊富。興味があることについては、話がつきることはない。	特になし。	特になし。	
③関係指標 社会とのかかわり (他者との交流、地域の環境等)	他者との交流:現役時代は金融関係の仕事でその付き合いは派手であった。友人とは年賀状のやりとり。以前は同郷の会で各地に出かけていたが、今は数匹飼っていた猫は1匹のみ。地域の環境:近隣との付き合いはないが、妻が近隣との関係を大切にしていた。	本人:「ごくい」がいるから近所付き合いはできていない、閉じて暮らしている。「俺の葬式代は確保している」話している。娘には迷惑をかけられない。同郷の会は一度行きたいが体のことを考えるとできない。それにもうみんな死んでいっている人のほうが多い。	仕事人間で近所付き合いはないため、閉じこもりや廃用の危険性がある。地域福祉協議会、ボランティア等専門職に相談する。	転倒についてはは、手すりから離れた時や、手すりから離れた時にバランスを崩し転倒することがあるので、日常動作を移動して結果を聞くようにしましょう。
ストレングス (強み)	知識が豊富。話好き。プライドが高い。権利意識が高い。	特になし。	特になし。	
居住環境	手すりは屋内に数か所あり、手すりのない場所は福祉用具で対応する。浴室にはす手すりや補助用具がある。	本人:手すりとか使用すれば、移動はできる。入浴はヘルパーさんに助けてほしい。	PT:安全な入浴方法の確認指導と移動時の動作の再確認をする。	
④介護力指標 介護力	3人の娘はそれぞれに忙しく日常的な介護はできていないが、電話やメールで安否確認をしている。必要時には来てくれる。	本人:娘はあてにならないが仕方がない。家族:仕事をしているので、休みの時に代わりに見に来るようにしている。この先、動けなくなると心配だ。	独居で転倒のリスクが高いため、緊急時の対応が必要である。 地域包括支援センターに、見守りの態勢について相談する。	
特別な状況 虐待	特記すべき事項はない。	特になし。	特になし。	

居宅サービス計画書（1）

第1表

作成年月日　　年　月　日

初回 ・ (紹介) ・ 継続　　　(認定済) ・ 申請中

利用者名　　D　　様　　生年月日　　年　月　日　　

居宅サービス計画作成者氏名

居宅介護支援事業者・事業所名及び所在地　　　　　住所

居宅サービス計画作成（変更）日　　年　月　日　　初回居宅サービス計画作成日　　年　月　日

認定日　　年　月　日　　認定の有効期間　　年　月　日　～　年　月　日

要介護状態区分	要介護1 ・ (要介護2) ・ 要介護3 ・ 要介護4 ・ 要介護5
利用者及び家族の生活に対する意向	本人：一緒に暮らしてきた猫の世話をしていきたい。両足に痛みやしびれがあるので入浴を毎日行い身体を温めたい。妻の供養を行い、株の上がり下がりを見て、好きな煙草を嗜み、住み慣れた家での暮らしを望んでいる。 家族：一人暮らしで、転ぶことが心配である。父の願いでもある、自宅での母の供養と猫の世話ができるよう支援したい。
介護認定審査会の意見及びサービスの種類の指定	
総合的な援助の方針	入院することなく自宅で猫と一緒に暮らし続けられるよう支援します。3人の娘たちが幸せに暮らせるよう応援し、奥様の供養が続けられるような生活を支援します。 緊急時連絡先　…　①長女　000-000-0000 　　　　　　　　　　②次女　000-000-0000
生活援助中心型の算定理由	① 一人暮らし　2. 家族等が障害、疾病等　3. その他（　　　）
居宅サービス計画書の説明を受け、同意し受領しました。	同意年月日　平成　年　月　日　　氏名　　　㊞　　続柄

84

第3章 アセスメントのモデル事例とポイント

居宅サービス計画書（2）

作成年月日　○年○月○日

利用者名　D　　　様

第2表								
生活全般の解決すべき課題（ニーズ）	援助目標			援助内容				
	長期目標	（期間）	短期目標	（期間）	サービス内容	※1	サービス種別	※2	頻度	期間

生活全般の解決すべき課題（ニーズ）	長期目標	（期間）	短期目標	（期間）	サービス内容	※1	サービス種別	※2	頻度	期間
猫が唯一の心のよりどころなので、体調管理をして、猫の世話と妻の供養を続けていきたい。	規則正しい生活が送れて、体調管理ができ、入院しないで生活が送れる。	○年○月○日～○年○月○日	体調不良・不安について相談できる。服薬調整・管理ができ、症状が軽減でき、動くく機会が増やせる。	○年○月○日～○年○月○日	・訪問看護による状態観察、緊急時の対応、加算算定による支援。	○	訪問看護	○○訪問看護ステーション	週2回	○年○月○日～○年○月○日
					・かかりつけ医による訪問診療、総合相談。	○	居宅療養管理指導	○○病院	月1回	○年○月○日～○年○月○日
					・介護保険等総合相談が必要な調整選択肢を自分で決められるよう支援する。		居宅介護支援	○○ケアプランセンター		○年○月○日～○年○月○日
					本人：服薬管理ができる。	○	訪問看護	○○事業所	随時	○年○月○日～○年○月○日
					・電動ベッド・介助バーのレンタル：起き上がり、立ち上がり移動に必要。		福祉用具貸与		適宜	
トイレの失敗をなく したい。	失敗がなく、トイレが自分でできる。	○年○月○日～○年○月○日	トイレまでの移動とトイレ動作が失敗なくできる。夜間、トイレに間に合うことができる。	○年○月○日～○年○月○日	・訪問介護による身の回りの環境整備。・ポータブルトイレの後片付け・介助。	○	訪問介護	○○事業所	週6回	○年○月○日～○年○月○日
					・安全なトイレ動作の確保。	○	訪問看護（リハビリ）	○○訪問看護ステーション	週2回	○年○月○日～○年○月○日
					・夜間排尿：ポータブルトイレ購入。		福祉用具購入	○○事業所	適宜	○年○月○日～○年○月○日
					本人：安全なトイレ動作の習得。		本人			
経済の話をしながら美味しく楽しく食事がとりたい。バランスのとれた食事がとりたい。	毎日、話をしながら楽しく食事をとることができる。	○年○月○日～○年○月○日	便秘ぎみなので、野菜等バランスのとれた食事がとれる。	○年○月○日～○年○月○日	ゴミ出し、掃除、必要な買い物。訪問介護によるバランスのとれた食事準備と食事時のコミュニケーション。昼食の弁当を届けてもらう。	○	本人・家族			○年○月○日～○年○月○日
							訪問介護		週6回	○年○月○日～○年○月○日
							○○工場社員		週6回	○年○月○日～○年○月○日
痛みが楽になるので湯船につかりたい。	毎日、湯船につかり、温まることで、痛みとしびれが楽になる。	○年○月○日～○年○月○日	転びやすいので、不安なく気持ちよく湯船につかれるようになる。	○年○月○日～○年○月○日	訪問介護：訪問看護（リハビリ）と連携指導、安全な入浴介助。	○	訪問介護訪問看護（リハビリ）		週6回週2回	○年○月○日～○年○月○日
一人暮らしのため不安なく一人暮らしを続けることができる。	不安なく一人暮らしを続けることができる。	○年○月○日～○年○月○日	地域共有の中で見守り体制がつくられ、緊急の連絡体制がとれる。	○年○月○日～○年○月○日	情報共有のための地域ケア会議の開催により見守り体制をつくる。		地域包括支援センター		適宜	○年○月○日～○年○月○日

※1　「保険給付対象か否かの区分」について、保険給付対象内サービスについては○印を付す。
※2　「当該サービス提供を行う事業所」について記入する。

認知症　生活習慣病（糖尿病）　脳血管疾患（脳梗塞）　筋骨格系疾患（脊柱管狭窄症）　末期がん　虐待

週間サービス計画表

第3表   利用者氏名 D 様   作成年月日 年 月 日

時間		月	火	水	木	金	土	日	主な日常生活上の活動
深夜	4:00								
早朝	6:00								起床 朝食
午前	8:00		家族		訪問介護	家族	訪問介護		猫の世話（家族：ゴミ出し、次女：掃除） 妻の仏様参り
	10:00	○○弁当	○○弁当	○○弁当	○○弁当	○○弁当	○○弁当		昼食（弁当・ヘルパー食事準備）
午後	12:00	訪問介護	訪問看護	訪問介護	訪問看護	訪問介護	居宅療養管理指導	訪問介護	入浴（訪問介護）
	14:00								テレビを見ている
	16:00								
夜間	18:00								夕食
	20:00								就寝
	22:00								夜間のトイレ3、4回
深夜	24:00								
	2:00								
	4:00								

週単位以外のサービス	月に1回、居宅療養管理指導。福祉用具レンタル（電動ベッド・介助バー）。ポータブルトイレ・シャワーチェア購入。

サービス担当者会議の要点

第4表

利用者名		殿	開催場所	利用者宅	サービス計画作成者(担当者)氏名		作成年月日　　年　月　日
開催日　　年　月　日					開催時間		開催回数

会議出席者	所属(職種)	氏名	所属(職種)	氏名	所属(職種)	氏名
	本人		訪問看護ステーション(看護師)		地域包括支援センター	
	次女		訪問看護ステーション(PT)		ケアマネジャー	
	主治医		訪問介護(サービス提供責任者)			

検討した項目	〈更新時、要支援2⇒要介護2になったため検討〉 居宅サービス計画書(第1・2・3表)の原案について ① 生活の目標とニーズの共有 ② 各サービスの役割と支援方法と連携について

検討内容	① 援助の方針や意向の確認と目標の共有 ② 各サービス担当者間の役割と頻度と内容の共有 主治医:週2回の訪問診療。服薬の管理、病状の管理・服薬の処方。A病院との連携。訪問看護、PTの必要性の説明とサービス利用の指示・アドバイス。 訪問看護:状態観察。服薬管理。主治医との連携。 PT:運動の機会をつくる。安全に移動できるためのリハビリと入浴方法の提案。 訪問介護:食生活を含む日頃の状況確認とバランスのとれた食事の提供。安全に入浴できるためにPTと連携する。 地域包括支援センター:一人暮らしのため、地域資源の紹介・見守り体制を整える。

結論	居宅サービス計画書(第1・2・3表)の原案について同意を得る。 ・一人暮らしとなるので、転倒時などの緊急時の体制を確認する(第1表参照)。 ・要介護2となり、日常生活全般に見守り・介助が必要になってきたため、これ以上ADLが低下すると一人暮らしが厳しくなる。現状のADLを低下させないように、意欲をもって生活できるように各担当者間で支援する。

残された課題 (次回の開催時期)	3カ月後に評価をし、必要に応じて担当者会議を開催する。

5　末期がん

○概要

　がん患者は，毎年増加傾向にあります。医療制度改革により，入院日数が短縮され，治療の終了と同時に退院となり，それに伴い在宅療養生活者は増えていきます。いわゆる超高齢化の中の多死社会を迎え，ターミナルは病院ではなく在宅となります。ケアマネジャーはターミナルケースの担当が増えていくと想定されます。

　がん治療の目的は，治療と予後の延長と生活の質（ＱＯＬ）の向上ですが，とりわけ緩和ケアの目的は，ＱＯＬの向上になります。がんの場合は，患部の場所（臓器）の転移等によって症状と経過が異なります。痛みでＡＤＬが制限される場合が多く，痛みのコントロール（疼痛管理）は専門医との連携が不可欠です。月・週・日の単位で症状が変化しますので，ＱＯＬをできるだけ維持させるためのチームケアが重要となります。

○一般的なアセスメントのポイント

- 苦痛の緩和が生活目標になっていませんか。
- 身体的苦痛だけの課題がニーズになっていませんか。
- ターミナルだからといって，できるだけ安静で穏やかに過ごす方向性の支援になっていませんか。
- 医療が中心なので，医療職に任せてケアマネジャーの役割が不明確になっていませんか。
- 逆に進行状況・症状を理解せずに，安易な目標設定になっていませんか。
- 病識・進行状況の理解が難しく，どのタイミングでどのような介入が必要か不明確になっていませんか。

○見落としがちなアセスメントのポイント

- ＱＯＬを維持するために，機能向上に向けたケアは，多くの可能性を生み，生活意欲につながるための重要な視点です（例：痛みのコントロール＋終末期リハビリなど）。
- 目標を設定する際には，苦痛緩和の先にある目標に目を向けましょう。場合によっ

- ては短期間だからこそＱＯＬを重視して，具体的で達成できる目標と期間（1ヵ月）を決めましょう。
- 現在本人ができていることを確認する過程でも，体力等の衰弱は進んでいくため，本人がこれだけは自分でしたいということを優先して支援することも必要です。時期を適切にとらえて，何もできずに終わることのないように配慮します。
- 苦痛や苦痛の緩和などの身体面に目が行きがちですが，死に対する不安や恐怖，家族との別れや悲しみ，看取る家族の不安等の〈苦痛〉にも目を向けていきましょう。
- 医療連携が重要になるため，病識・病状の進行状況やリスク，服薬（副作用）等を正しく理解していきましょう。その中で，ケアマネジャーの果たす役割は，医療や福祉のサービスの連携，利用者・家族等の想いをつないでいくことにおいて重要になります。

愛介連版フェイスシート　利用者基本情報　— 末期がん —

担　当　者

≪基本情報≫

相談日	年　月　日　受付方法（来所 ・ 電話 ・ その他（　　　　　　　　　））				
本人の状況	■在宅　　□入院または入居中（　　　　　　　　　　　　　　　　　　　　　）				
フリガナ 本人氏名	E		性別	女	生年月日　〇年 〇月 〇日　**88歳**
住所	U市		TEL FAX MAIL	||	〇〇〇-〇〇〇-〇〇〇〇 〇〇〇-〇〇〇-〇〇〇〇 ＊＊＊＊＠＊＊＊＊
日常生活自立度 主治医意見書 （　年　月　日）	障害高齢者の日常生活自立度　□自立　□J1　□J2　□A1　□A2　■B1　□B2　□C1　□C2 認知症高齢者の日常生活自立度　■自立　□Ⅰ　□Ⅱa　□Ⅱb　□Ⅲa　□Ⅲb　□Ⅳ　□M				
認定情報	要介護状態区分等　要介護2（区分変更中） 有効期間　〇年〇月〇日　〜　〇年〇月〇日　　（前回の要介護状態区分等　　新規申請　　）				
障害等認定	身障手帳（□有（種類　　　　　級）・■無）　　療育手帳等（□有（種類　　　　　級）・■無） 精神障害者保健福祉手帳（□有（種類 47歳ごろに2級を取得していた）・■無）　指定難病（□有（種類　　　）・■無） 医療費控除になる対称の特定疾病等　（□有（種類　　　　　　　　　級）・■無） 身障・療育手帳の内容：				
本人の 住居環境	■持家　　（■戸建　　□集合住宅）　　□借家 自室　■有　□無　（　1　）階　　　住宅改修の必要性　□有　■無				
経済状況	本人は，厚生遺族年金と国民年金等を受給しており，2ヵ月20万円支給されている。 金銭の管理は，次女が行っている。				
来所者 （相談者）	〇〇〇〇		続柄	長男の嫁	家族構成 2人暮らし
住所					
連絡先					
緊急連絡先	氏名	続柄	住所・連絡先		（66）65　63　(60)　59　55　53 隣市　近隣　他市　次女　他市　M市　他市 車で　徒歩 10分
^	〇〇　〇〇	次女	U市 〇〇〇-〇〇〇-〇〇〇〇		^
^	〇〇　〇〇	三女	M市 〇〇〇-〇〇〇-〇〇〇〇		^
^	〇〇　〇〇	長男	U市 〇〇〇-〇〇〇-〇〇〇〇		^

≪現病歴・既往歴と経過≫（新しいものから書く・現在の状況に関連するものは必ず書く）

年月（歳）	病名	医療機関・医師名 （主治医・意見書作成者に☆印）	経過	内容（治療中の場合のみ）
〇年〇月（87歳） （86歳の時に疑い）	胆のうがん	市内基幹病院	■治療中 □経過観察 □その他	胆管（たんかん）チューブを留置。 鎮痛剤（痛みの緩和）。
〇年〇月（70歳）	不整脈・高血圧	Iクリニック	■治療中 □経過観察 □その他	降圧剤服用中。 不整脈は観察中。
〇年〇月（47歳）	うつ病	Yクリニック	□治療中 ■経過観察 □その他	四男（15歳の時に交通事故）の死亡後。
年　月（　歳）			□治療中 □経過観察中 □その他	

≪現在利用しているサービス≫

フォーマル	インフォーマル
・訪問看護〈医療〉（週2回）　・訪問看護（リハ週1回） ・居宅療養管理指導（医師・薬剤師） ・訪問介護（週1回）・訪問入浴（週1回）・通所介護（週5回） ・福祉用具貸与（ベッド・エアマット・車椅子）	次女 三女 長男 近隣（近所の付き合い）　　　職場の同僚

第3章　アセスメントのモデル事例とポイント

≪介護に関する情報≫

今までの生活	他県で○年に生まれ，集団就職でU市で就職した。20歳で結婚をして，8人の子どもに恵まれ，生活のために子育てと仕事を両立させてきた。仕事は近所の菓子屋で，せんべいの製造や運送などをやっていた。60歳を過ぎても働いていた。夫が病気になり，看病のため仕事を辞めた。 70歳で夫を亡くし，仕事を辞めてからは，次女と暮らすようになる。食事，掃除，洗濯の家事以外に，鉢植えの花を飾ったり，草木の手入れなどをして過ごしてきた。近所の人たちと話をすることが多かった。子どもたちも行き来をしていた。 特に大きな病気もせずに過ごしていたが，87歳の時に胆のうがんが見つかる。進行していたため，本人の意思で手術はしないとのことで経過観察をする。本人の意思で受診もせず，家でこれまでどおり生活してきた。1年後，黄疸が出現。地域の基幹病院へ入院。多発肝転移，腹膜播種，胆管浸潤による閉塞性黄疸を認める。積極的な治療はせずに，胆管にチューブを留置しての退院となる。
今までの一日の過ごし方	家事は，次女と三女が行ってくれている。 退院後は，テレビを見ながら過ごす時間が増えている。 胆管チューブが気になるが，看護師が来てくれるので安心している。 体調の良い時は縁側で庭を見ており，近所の人が声をかけてくれることが楽しみになっている。

趣味・楽しみ・特技	友人・地域との関係
以前は，鉢植えや草木の手入れなどをしていた。 子どもたちと会って，食事でもしたい。	近くの菓子屋で働いていたので，正月に餅を作る時など，手伝ってもらったりして，今でも菓子屋と交流はしている。近所付き合いも，庭で花を手入れしている時など，よく話をしていたり，駐車場の貸し借りを行っている。 遠方にいる親戚とも，野菜を送ってもらったりするなどの交流を行っている。

≪本人及び家族の主訴≫

本人	胆のうがんであることは聞いている。体調がもどってきたので，退院してまた自宅でゆっくり過ごしたい。家に帰ることができてうれしい。
家族	がんの進行が，これからどうなるのかわからないから，何かあった時に心配。本人はがんであることを知っているが，余命2～3ヵ月ということは知らない。最期まで自宅で看取りたいと思う。

居住環境　自室及び住居内の様子（玄関から外部へのアプローチ）

●―●：手すり設置済み　▲：段差

（間取り図：庭／縁側／台所・食卓・居間・自室（ベッド）・トイレ・玄関／廊下／浴室・洗面所・次女の居室）

（章見出し：認知症／生活習慣病（糖尿病）／脳血管疾患（脳梗塞）／筋骨格系疾患（脊柱管狭窄症）／末期がん／虐待）

愛介連版アセスメントシート ―末期がん―

ご利用者氏名　　　　　　　　　　　　　
作成日　　　年　　月　　日
担当者氏名

ゴール化	分析項目	以前の生活を踏まえた今の暮らし（原因背景を捉えて今の暮らしを考える）	生活に対する意向（本人・家族の意向）	予後予測・リスク	多職種の意見（社会資源・情報含む）	課題の整理	生活目標（私の望む生活像）	優先順位	生活全般の解決すべき課題（ニーズ）
① 健康指標	健康状態（身長、体重、生活習慣等）	身長155cm、体重60kg。甘いものが好きで間食も多く、若い頃から脂っこい物も好きで、自ら運動しない人だった。47歳の時に15歳の息子を事故で亡くし、うつ病になった。1年近く通院した後に病状が改善した。70歳頃より高血圧と不整脈、基幹動脈にがんありと診断され、86歳の時、胆のうがんの疑いありと診断。年輪を理由に手術をしないと判断、87歳の時肝臓部出出出出、紹けがんと診断、多発肝転移、腹膜播種、胆管浸潤による閉塞性黄疸にて、胆管にチューブを留置した。基幹病院へ入院、胆のうがんと診断、退院時にも痛みがあり、胆のう周辺、腰あたりにて、胆管剤（内服、湿布）で対応している。	本人：管を通してから調子が良くなった。自宅で過ごしたい。娘や息子の妻は好きな時に今のところ痛みに耐けがない、自分でトイレにも行けている。それから今どうなっていくのかが不安。	がんの進行による合併症状の増加、苦痛の増加、がん転移の可能性、肝性脳症の状態に応じて肝性脳症の対応も必要となる。	主治医：がんの進行は早いと予測される。全身のおそれがあり、がん性腹膜炎による腹水の貯留もあるので精神的な不安定になりやすい。薬剤師：鎮痛剤の管理、服用方法の説明。	①がんの進行に伴い、病状の悪化があり、特に痛み、全身の苦痛への対応が必要となる。	1）息子や娘たちと今までと会うことができなくなっていないので会うことができなくなっているので食事がしたい。	①	息子や娘たちと食卓を囲みたい、食事をしたい。
	じょくそう・皮膚の問題	元来皮膚が弱い。今は黄疸が出てかゆみが強いが、全身の掻痒感は時々ある。じょくそうはなし。	本人：もともとの、乾燥肌は病気なのでかゆくるが、黄疸でかゆみが出てくるようになった。かゆみをとってほしい。皮膚を綺麗にしておきたい。	皮膚掻痒感・黄疸が増加、じょくそうができる可能性がある。	看護師：黄疸、皮膚のかゆみやじょくそうへの対応が必要で、皮膚のケアの方法を確認する。			②	痛みが強まったり、体がつらかったりなど体調の悪い時に、すぐ来て対応してほしい。
	口腔衛生	昔から歯の手入れはきちんとしており、入れ歯も自立。歯磨きも自立している。	なし。	（免疫力低下のため）口内炎等の発生の可能性がある。	看護師：口腔内を清潔にするケア方法を確認する。	終末期＝安静だけを考えるのではなく、生活意欲につながる視点が必要			
② 行為指標	ADL（移動、入浴、更衣、整容等）	日常生活自立度：B1ベッドからの起き上がり、寝返り、立ち上がりはつかまればできる、車いすを使用している。屋内の移動：車いすを使用している。トイレ：歩いている。入浴：入院中はシャワー浴だった。短時間であれば湯船に入ってもよいと言われている。更衣、整容：体調が良ければ一人でできる。	本人：トイレは部屋から近いので、自分で行きたい、自気兼ねなく入る。お風呂は胆管チューブの心配。次女：娘のところで手がかかるが、今後はトイレや風呂の介助も思うが、病状が進行して難しくなった時はどう助けてよいか。	全身倦怠感、苦痛等の増加。今まで動けたことができなくなる恐れがある。	PT：終末期リハビリの必要性。看護師：胆管チューブの管理方法を指導。福祉用具：福祉用具の検討。	②食事を自分でとるための支援が必要になる。③トイレに自分で行くことができるための支援が必要になる。		③	自分でトイレに行きたい。
	IADL（調理、掃除、買い物、洗濯、金銭管理、服薬の管理状況等）	家事全般：もともと家事は買い物等、次女と暮らすようになっってからは、一緒に行っていた。金銭管理：80歳くらいまでは次女に任せた。現在、金銭出納は次女が行う。掃除、洗濯：全て次女が行う。服薬等：降圧剤と鎮痛剤を１回分を本人に手渡すと飲める。	本人：次女に世話をかけるが、次女と暮らせてよかったと思う。薬はきちんと飲みたい。次女：母親と暮らす。母親に無理をさせたくない。	次女の家事全般の負担が増える。	ケアマネジャー：次女が家事全般をしているため、その負担に対するサポートの検討が必要。	④入浴は、体に負担がかかるため、自宅でできるための支援が必要になる。		④	お風呂に入ることが楽しみなので、自宅のお風呂にゆったりとしたい。

92

第3章 アセスメントのモデル事例とポイント

側見出し（縦書き、右側）: 認知症 / 生活習慣病（糖尿病） / 脳血管疾患（脳梗塞） / 筋骨格系疾患（脊柱管狭窄症） / 末期がん / 虐待

吹き出し: 本人や家族が望むことは最優先で検討すべきです。その時期を逃すとなくなることがあります。

項目	本人・家族の状況	課題・状態	支援・対応
食事摂取（食事環境、食事の準備、食事量、回数等）	本人：次女と食べている。買い物：次女が行っている。嗜好：好き嫌いは、ほとんどない。食事の準備、食欲は落ち着いてきている。変わってきている。食事のバランスを考えずに好きなものを食べてきた。BMI：25	食事の環境：次女と落ちついて食事をしているので、子どもたちと食べる機会が少なくなっている。次女の量、バランスを考えて食べている。味覚も変わってきた。	家族：一緒に食事をすることが本人の楽しみとなっているので、一緒に食べてほしい。 食事が食べられなくなり、食べる楽しみがなくなる。 ⑤楽しみとなる食事をとることができるための支援が必要である。
排尿・排便（尿意、便意、回数、排泄動作）等	尿意：有り、便意：有り。尿：日中6回、夜間2回。便：3日に1回、便秘傾向（下剤で管理）。失禁の状態：有り。排泄の動作（ズボンやパンツの着脱、後始末）：ゆっくりつかまりながらできる。	本人：便秘でつらい。トイレに行くのが大変になってきた。次女：できるだけトイレで行ってほしい。	看護師：自分でトイレに行けなくなった時の対応を検討する。便秘に対するケアを行う。下血に対しても症状を周知し、便に血が混じった時の連絡方法を決める。 病が進行し動けなくなる。トイレまで歩くのが困難になる。下血（下部消化管からの出血）が起こる。
認知（長谷川式またはMMSE等）	認知症高齢者の日常生活自立度：自立	なし。	なし。
コミュニケーション（視力、聴力、人間関係等）	視力・聴力：新聞の字は読みにくい。目の聞こえづらさはない。自分の意思を伝える：特に問題はない。人間関係：特に問題はない。	本人：耳は遠くない。自分から話すのは苦手である。	全スタッフ・本人の意思・気持ちを聞き、情報を共有する。 がんの進行によりコミュニケーションの低下（伝えること）が乏しく、胆肝機能低下、睡眠による意識低下の可能性がある。
③社会とのかかわり（他者との交流、地域の環境等）	他者との交流：仕事をしていた時の同僚や近所の親子以外の手でもたちはあまり会っていない。地域の環境は特殊（趣味）：70歳から生活するようになる。近隣などの人との関係性は薄い。	本人：こんなになったわけだから、子どもたち全員に会いたい。家族：みんなそろって会いたい。	特になし。
ストレングス（強み）	8人の子どもを育ててきた。我慢強く、意思が強い。娘の言うことは聞いているが、頼りにしていたしっこく介助してもらうことは、遠慮がある様子。	本人：子どもたちに会えないので、食事をしながら話をしたい。	家族・子どもたちとの協力体制の確認。主治医・子どもたちとの食事会等の時期の確認。 ⑥がん進行に伴い、子どもたちに会うことが少なくなり、目標を失うことで、意欲が低下。
④居住環境	本人の部屋は、玄関を入ってすぐの場所にある。トイレもベッドの部屋にある。段差はほとんどない。	次女：トイレの中もすべり手すりがある。今のところ大丈夫。	なし。
介護力	次女：今後の状態がどのようになるのか、不安に思っている。次女は会社に、余命2〜3カ月の話をしているので、体調が悪くなった時は、介護休暇が1カ月ほどは取れる制度がある。	次女：介護休暇が取れるので、しっかり本人を看ようと言っているので、余命2〜3カ月と言われているので、他の兄弟にも声をかけて協力してもらおうと思う。最期まで自宅で看取りたい。	看護師：次女の介護の提案、負担軽減、精神的なケアが増加するため、身体的な負担が増加することに伴う、がんの進行に伴い、家族の不安に対する支援が必要。
特別な状況	医師より、余命2〜3カ月であることを告知している、次女には告知していない。本人へ注意してほしい。	次女：告知はしない、母さんには最期まで生きることをあきらめてほしくない。状態悪化時の対応に不安がある。	主治医・看護師：状態の説明と状態の変化、緊急時の対応について明確にしておく。 がんの進行に伴い、家族の死への不安に対する看取りに対する支援が必要。

93

居宅サービス計画書（1）

作成年月日　　年　　月　　日

　　　　　初回　・　紹介　・　㊙継続　　　　　認定済　・　㊙申請中

第1表

利用者名　　E　　様　　生年月日　　年　　月　　日　　住所

居宅サービス計画作成者氏名

居宅介護支援事業者・事業所名及び所在地

居宅サービス計画作成（変更）日　　年　　月　　日　　初回居宅サービス計画作成日　　年　　月　　日

認定日　　年　　月　　日　　認定の有効期間　　年　　月　　日　～　年　　月　　日

要介護状態区分　　要介護1　・　要介護2　・　要介護3　・　要介護4　・　要介護5　　㊙区分変更中

利用者及び家族の生活に対する意向	本人：子どもたちと会っていないので、みんなと集まって食事をしながら話ができるとよい。できれば、お正月に子どもたちと会いたい。 家族（次女）：今は調子良いようだが、病気に対して今後何かあった時などの対応に不安がある。
介護認定審査会の意見及びサービスの種類の指定	
総合的な援助の方針	お正月に子どもたちと会い、食事を楽しめるように、食事や生活に対して不安なく過ごせるようにしていきます。 緊急時の体制を整えて、病気や生活に対して不安なく過ごせるようにしていきます。 　　第一連絡先　…　T訪問看護ステーション　000-000-0000 　　第二連絡先　…　Iクリニック　△△先生　000-000-0000

生活援助中心型の算定理由　　1．一人暮らし　　2．家族等が障害、疾病等　　3．その他（　　　　　）

居宅サービス計画書の説明を受け、同意し受領しました。　　同意年月日　　平成　　年　　月　　日　　氏名　　㊞　　続柄

第3章 アセスメントのモデル事例とポイント

居宅サービス計画書（2）

作成年月日　　年　月　日

利用者名　E　様

第2表

生活全般の解決すべき課題（ニーズ）	援助目標				援助内容				
	長期目標	（期間）	短期目標	（期間）	サービス内容	※1	サービス種別	※2	頻度	期間

生活全般の解決すべき課題（ニーズ）	長期目標	（期間）	短期目標	（期間）	サービス内容	※1	サービス種別	※2	頻度	期間
息子や娘たちと食卓を囲み、食事をしたい。	子どもたちと揃って、食卓を囲む。	1カ月後	子どもたちが病状を理解して、早急に自宅に集まる。	2週間以内	訪問診療を受け、本人の状態の確認や家族からの相談を受け、服薬等調整をして、苦痛を緩和する。		訪問診療（医療）居宅療養管理指導	Tクリニック（薬剤師）	週1回	2週間以内
			食事会ができるように、体調を整える。	2週間以内	苦痛なく座ることができるように工夫する。		訪問看護（医療）リハビリ	T訪問看護ステーション	週2回	2週間以内
					食事会の企画と日程調整を行う。		子どもたち		早急	
痛みが強まったり、体がつらかったりなど体調の悪い時に、すぐ来て対応してほしい。	連絡体制が整い、緊急時の対応できる体制ができている。	1カ月後	どういう症状の時に、どこに連絡をすればよいのかの理解ができ、連絡ができる。	1週間以内	一般状態の観察や皮膚状態、黄疸、かゆみのケア。用管チューブの管理。緊急時の連絡体制の整備と主治医との連携をとる。		訪問看護（医療）	T訪問看護ステーション	週2回	1週間以内
					緊急時への精神的な支援。症状に合わせた役割分担を明確にする。	○	居宅介護支援	V事業所	早急	1週間以内
					苦痛の緩和のリハビリを行い、増加時にも対応する。		訪問看護（医療）リハビリ	T訪問看護ステーション	週1回	1週間
					定期的、また必要に応じて訪問をし、生活に対しての相談を受ける。	○	居宅介護支援	V事業所	随時	1週間
					今の状態や不安なことを医師・看護師に伝えていく。		本人		随時	1週間
					本人、家族との相談を受け、連携していく。また必要に応じて緊急訪問ができるような対応をしていく。		訪問看護（医療）	T訪問看護ステーション	緊急時	1週間
自分でトイレに行きたい。	自分でトイレまで行き、ベッドまで戻ってくることができる。	1カ月後	体力が悪くても、起き上がることができる予防マットや手すりの貸与。室内を苦痛なく移動できる。	1週間以内	特殊寝台（3モーター）の貸与。起床時の苦痛の緩和。起き上がり時の動作を容易にする。じょくそう予防のためのじょくそう予防マットの貸与。（目的）ベッドからトイレまでの歩行。（目的）室内移動のため、車イスの貸与。	○	福祉用具貸与	G事業所		1週間

末期がんの場合は、終末期リハビリをサービスに入れることにより、苦痛の緩和を図りながらQOLが維持できる。

					安楽な姿勢の調整や、痛みの軽減、呼吸の介助等を緩やかに行う。		訪問看護（医療）リハビリ	T訪問看護ステーション		1週間
				1週間	食べたい時に、食べたいものを少しずつ食べるように準備しておく。		次女			1週間
			体力が落ちないように、必要な栄養を摂ることができる。		食事のとり方（補食）の指導。		訪問看護（医療）	T訪問看護ステーション	毎日	1週間
					本人の食べられるものを提供していく、食欲がない時などは、医師や看護師に伝えていく。		訪問介護	Hステーション		1週間
お風呂に入ることが楽しみなので、自宅のお風呂に入ってさっぱりとしたい。	体調が悪化しても、自宅でシャワー浴を浴び続けることができる。	1カ月後	状態が安定しているうちは、湯船につかることができる。		入浴の準備。		次女			1週間
					（家族が慣れるまで）全身状態の観察と入浴方法の指導を家族に行う。入浴前の体調観察のポイントの指導。		訪問看護（医療）	T訪問看護ステーション		1週間
					（入浴支援時に）不安なことがあった時の緊急相談対応。		訪問看護	T訪問看護ステーション		1週間
					浴室に必要な物品（シャワーチェア・浴槽の手すり）の購入支援。	○	福祉用具購入	G事業所		1週間

悪化していく ← 安定している

体調が悪化していくという視点においても考える。

通常のステップアップではなく、できるうちにできることを！

※1 「保険給付対象か否かの区分」について、保険給付対象内サービスについては○印を付す。
※2 「当該サービス提供を行う事業所」について記入する。

認知症　生活習慣病（糖尿病）　脳血管疾患（脳梗塞）　筋骨格系疾患（脊柱管狭窄症）　末期がん　虐待

第3表

週間サービス計画表

利用者氏名　　　　　E　　　　様　　　　　　　　　　　　　　　　作成年月日　　　年　月　日

	月	火	水	木	金	土	日	主な日常生活上の活動
深夜 4:00								
早朝 6:00								起床・朝食（次女が準備）
午前 8:00								テレビを見る・天気が良ければ買い物に行く（次女）
10:00								トイレ介助（次女が見守り）
12:00	訪問看護(医療)							昼食（次女が準備）
午後 14:00		訪問看護(医療 リハ)	訪問看護(医療)	訪問介護	訪問看護(医療 リハ)		訪問介護	木、日に訪問看護
16:00						訪問看護(医療)		入浴（訪問介護）
18:00								トイレ介助（次女が見守り）
夜間 20:00								夕食（次女が準備）
22:00								就寝（次女が準備）
深夜 24:00								
2:00								
4:00								

週単位以外のサービス	訪問看護（医療）24時間緊急時体制。福祉用具貸与・特殊寝台（3モーター）、じょくそう予防マット、車イス、手すり。

サービス担当者会議の要点

第4表

利用者名	様	開催場所		氏名	Iクリニック	開催時間		サービス計画作成者（担当者）氏名		作成年月日　　年　月　日
開催日	年　月　日									開催回数

会議出席者	所属（職種）	氏名	所属（職種）	氏名	所属（職種）	氏名
	本人		Iクリニック（在宅医）		薬剤師	
	次女		訪問看護ステーション（看護師）		福祉用具	
	三女		訪問看護ステーション（PT）		ケアマネジャー	

検討した項目	居宅サービス計画書（第1・2・3表）の原案について ① 援助内容や目標の共有 ・今後の起こりうる症状やそれに対する対応。緊急時の体制。 ・目標である家族と食事会を開催できるための協力体制。 ② サービス内容について

検討内容	① 援助内容や目標の共有 ・主治医より現在の病状と今後の予後予測についての説明。病状の共有を図る。 ・具体的な状態を想定して、緊急時の連絡体制の確認と共有。 ・本人の希望である食事会の開催について、家族の協力依頼。時期と環境を整える。 ② 生活意欲につなげるための支援について ・進行に伴う本人の身体的・精神的苦痛の緩和。看取りに向けた家族の身体・精神面での支援について各専門職間の連携を図る。 在宅医：在宅で状態に合わせた対応と苦痛の緩和、病状管理を行う。緊急時の対応ができるように体制を整える。 訪問看護（看護師）：在宅での訪問頻度と胃管チューブの管理の確認、体調管理を在宅医と連携して行っていく。 訪問看護（PT）：苦痛の緩和と生活意欲を維持するためにリハビリを行っていく。 福祉用具：特殊寝台と自宅での入浴環境を福祉用具で整える。 薬剤師：苦痛の緩和のために座薬等の管理を行う。

結論	居宅サービス計画書（第1・2・3表）の原案について同意を得る。 ① 緊急時の連絡体制は、第1表に記載。家族との食事会など充実した時間が過ごせるように支援する。 ② 本人・家族の身体的・精神的な苦痛・不安等について担当者間で共有し、統一した支援を行う。病状の悪化・疼痛・苦痛等は、訪問看護ステーション（24時間緊急時体制）へ連絡する。

残された課題 （次回の開催時期）	・看取りに向け、悔いが残らないように、死を受け止めるための精神的な支援が重要。 次回開催予定：3週間後に実施予定。その間に急変があれば随時開催する。

6　虐　待

○概要

　虐待は，あってはならない人権侵害ですが，残念ながら高齢者の虐待件数は，年々増えています。虐待の背景には，高齢者の認知症や自立低下，家族の介護疲労や経済的問題等，さまざまな要因が背景にあります。虐待は，する側もされる側も共に自覚がない場合もあります。例えば，介護する側，介護される側ともに夜間のおもらしを気遣って水分を控えると脱水症状につながることがあります。また，転ぶことを心配して頻回に車イスベルトなどを用いるなどの不適切ケアも少なくありません。結果として，筋力等の心身機能の低下，認知症状やその周辺症状（不安やうつなど）の悪化，リスクの増大などを招きます。

　高齢者の尊厳を守り，高齢者と家族が共に健やかに暮らすためには，虐待を早期発見し，深刻化する前に対応することが求められています。認知症の人などが安心して散歩できる地域全体での見守り支援も期待されています。

○一般的なアセスメントのポイント

- ・介護場面における表面的な行為だけを見て，虐待と判断していませんか。
- ・安易に「虐待」という言葉を口にしていませんか。
- ・他職種からの情報を鵜呑みにしていませんか（自分で直接に確かめていますか）。
- ・介護者の介護疲労やストレスの程度や状態を理解しようとしていますか。
- ・家庭環境や家族背景を把握したうえで事実確認ができていますか。
- ・介入のタイミングや他職種との連携に悩んでいませんか。
- ・まずは地域包括支援センターに報告・相談していますか。

○見落としがちなアセスメントのポイント

- ・虐待行為だけに注目せず，高齢者の目線で本当に生命や人権を脅かしている行為なのか見極めが必要です。
- ・虐待を受けている高齢者もしている家族も，虐待の自覚がないという報告があります。関係者が虐待を理解していくために適切な言葉や資料を用いて，早すぎず，遅すぎず対応することが大切です。

- 問題を質(ただ)すという姿勢ではなく，関係者が「話したい」「相談したい」と思う信頼関係づくりが必要です。
- 虐待する側，される側，双方の生活歴や家族歴（幼少から成人までの家庭環境）を知ることで，その中から虐待に至るまでの隠れた事情が見えてくることもあります。
- 互いを庇(かば)い合うあまり，虐待の事実を話したがらないこともあるので，場合によっては本人と家族等を別々の場や機会を設けて話を聴く工夫も必要です。

愛介連版フェイスシート　利用者基本情報　―虐待―

担当者　_____

≪基本情報≫

相談日	年　月　日　受付方法　（来所）・電話・その他（　　　　　　）
本人の状況	■在宅　　□入院または入居中（　　　　　　　　　　　　　）

フリガナ 本人氏名	F	性別	女	生年月日	○年　○月　○日　90歳

住所	A市	TEL	○○○-○○○-○○○○
		FAX	○○○-○○○-○○○○
		MAIL	＊＊＊＊＠＊＊＊＊

日常生活自立度 主治医意見書 （　年　月　日）	障害高齢者の日常生活自立度	□自立　□J1　■J2　□A1　□A2　□B1　□B2　□C1　□C2
	認知症高齢者の日常生活自立度	□自立　□Ⅰ　□Ⅱa　□Ⅱb　■Ⅲa　□Ⅲb　□Ⅳ　□M

認定情報	要介護状態区分等　要介護2 有効期間　○年○月○日　～　○年○月○日　（前回の要介護状態区分等　要介護2　）

障害等認定	身障手帳（□有（種類　　　　　　級）・■無）　療育手帳等（□有（種類　　　　　　級）・■無） 精神障害者保健福祉手帳（□有（種類　　　　　　）・■無）　指定難病（□有（種類　　　　　　）・■無） 医療費控除になる対称の特定疾病等（□有（種類　　　　　　級）・■無） 身障・療育手帳の内容：

本人の 住居環境	■持家　　（■戸建　　□集合住宅）　□借家 自室　■有　□無　（　1　）階　　　住宅改修の必要性　□有　■無

経済状況	本人は，夫の厚生遺族年金と国民年金等を受給しており，2ヵ月20万円支給されている。 金銭の管理は，長男が行っている。

来所者 (相談者)	○○○○		続柄	長男の嫁
住所				
連絡先				

家族構成
3人暮らし
嘱託職員
キーパーソン
フルパート
(68) B市 車で30分
(65) C市 車で45分
(62) (60)
(90)

緊急連絡先	氏名	続柄	住所・連絡先
	○○○	長男	A市（同居） ○○○-○○○-○○○○
	○○○○	長女	B市 ○○○-○○○-○○○○
	○○○○	次女	C市 ○○○-○○○-○○○○

≪現病歴・既往歴と経過≫（新しいものから書く・現在の状況に関連するものは必ず書く）

年月（歳）	病名	医療機関・医師名 (主治医・意見書作成者に☆印)	経過	内容（治療中の場合のみ）
○年○月（83歳）	アルツハイマー型認知症	Sクリニック （☆　○○医師（担当））	■治療中 □経過観察中 □その他	投薬治療（認知症薬）。 月に1回診察。
年　月（　歳）			□治療中 □経過観察中 □その他	
年　月（　歳）			□治療中 □経過観察中 □その他	
年　月（　歳）			□治療中 □経過観察中 □その他	

≪現在利用しているサービス≫

フォーマル	インフォーマル
・通所介護（週3回）	・長男夫婦 ・近所の友人（2～3人）

第3章 アセスメントのモデル事例とポイント

≪介護に関する情報≫

今までの生活	A市（現在の居住市）で，3人姉妹の長女として農家に生まれ，大切に育てられた。柴刈り程度の手伝いをしたり，親せき宅で縫い仕事を手伝ったりする程度で，特に仕事に出ることはなかった。 21歳で夫を婿養子として迎えて結婚。夫はサラリーマン。本人も近くの旅館の仲居をしながら，3人の子どもを育てた。長女，次女が他市に嫁いでから，旅館の忙しい時だけ仕事に行き，60歳まで働いた。 61歳の時，長男が敷地内に新居を建て，長男夫婦と一緒に暮らし，家事や孫の世話をしながら毎日を送る。81歳の時に夫が風呂場で溺死。頼りにしていた夫だったのでショックは大きかった。83歳頃より認知症状が出現した。 長男は，定年まで郵便局に勤務し，その後も嘱託で配達業務を行っていたが，配達中に事故に遭い，足が不自由になって現在も通院している（郵便配達は，回数を減らして行っている）。この頃から本人の認知症状が進み，長男も自分の体が思うようにならないストレスも加わり，手を上げるようになった。長男の嫁が状況を危惧し，相談があった。
今までの一日の過ごし方	昼間独居。健康にとても気をつけている。毎日，犬を連れて散歩する。ラジオ体操を1日3回行っている。庭に出ることは好きである。草取りもする。

趣味・楽しみ・特技	友人・地域との関係
犬と一緒に過ごすこと。 散歩もする。 身体を動かすこと。 ラジオ体操を1日3回行う。	生まれ育った土地なので，昔からの付き合いはあるが，積極的ではない。 友人は2〜3人いるがお茶を飲む程度。

≪本人及び家族の主訴≫

本人	この頃，息子が足を蹴る。痛いので止めてほしい。
家族	長男：自分の体が思うように動かなくなり，母親がわけのわからないことを言うと，ついつい手が出てしまう。

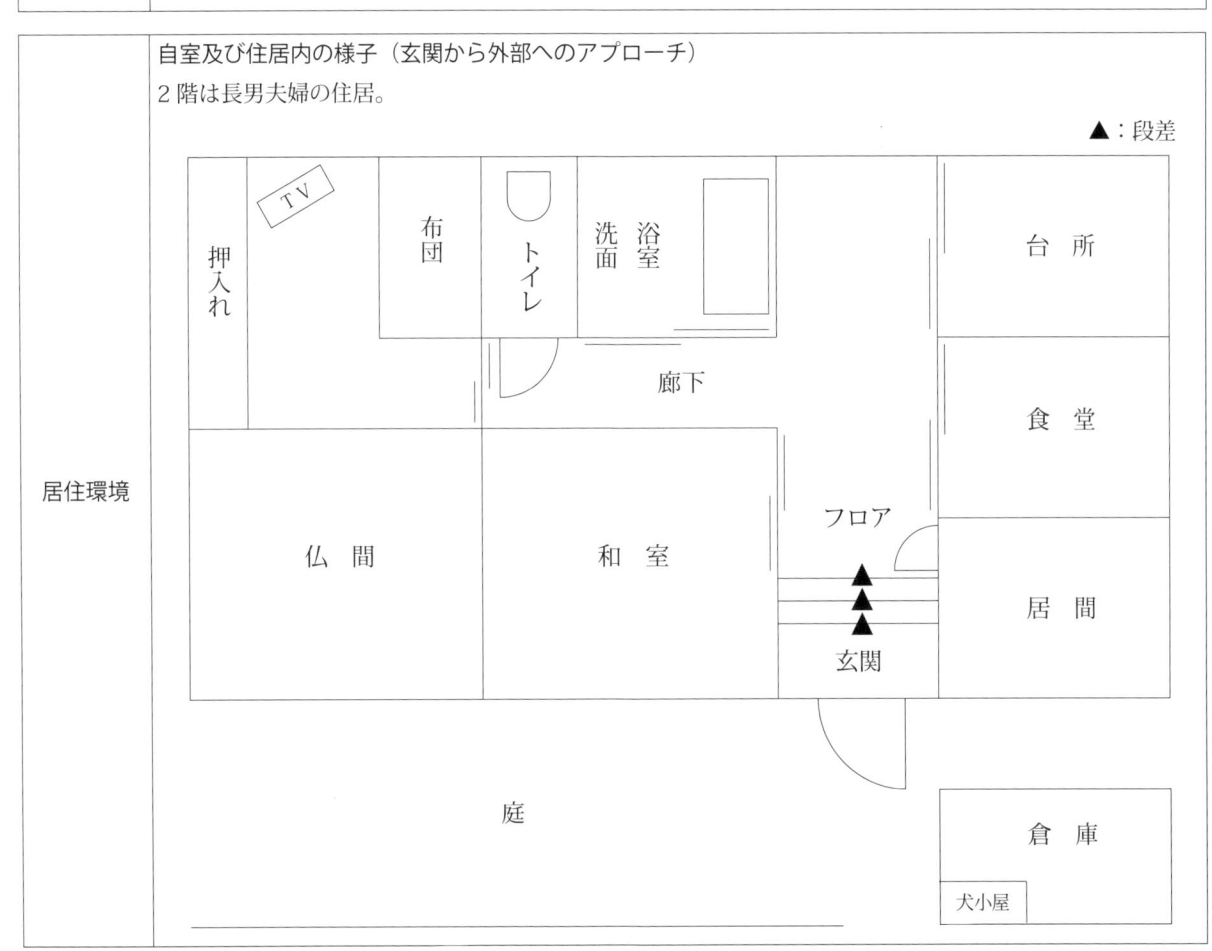

居住環境	自室及び住居内の様子（玄関から外部へのアプローチ） 2階は長男夫婦の住居。 ▲：段差

愛介連版アセスメントシート ー虐待ー

ご利用者氏名　　　　　　F
作　成　日　　　　　年　　　月　　　日
担当者氏名

分析項目	以前の生活を踏まえた今の暮らし（原因背景を捉えて今の暮らしを考える）	生活に対する意向（本人・家族の意向）	予後予測・リスク	多職種の意見（社会資源・情報を含む）	課題の整理	生活目標（私の望む生活像）	優先順位	生活全般の解決すべき課題（ニーズ）
① 健康指標	健康状態（身長、体重、生活習慣等）	身長140cm、体重40kg。若い頃より健康には気を遣い、大病はしたことがなく健康。夫が溺死後、83歳から認知症状が見られる。主治医から認知症治療薬の処方をしてもらったが、飲んだり飲まなかったりで、服薬管理ができず、日持ちしてよく日持ちしており、背筋がピンと伸び、健康的な印象を受ける。足腰が丈夫。	本人：健康には気をつけて、毎日のラジオ体操は続けたい。家族：物忘れがどんどんひどくなってきたとよく言うようになる。認知症がひどくならないようにしたい。	認知症の治療がされていないことで認知症の進行やそれに伴うBPSDの悪化。	主治医：認知症専門医への受診をすすめる。	①認知症の進行を防ぐため専門医の受診、治療が必要である。	1) 長男と少し距離をおいて以前のように仲良く暮すことができる。	①	長男といさかいなく仲良く過ごしたい。健康に気をつけて家の周りの散歩は続けたい。
	じょくそう・皮膚の問題	老人性の乾燥肌。左大腿部と左上腕に5×5cmくらいのあざ（内出血）を認める。	本人：入浴も歯も美味しくご飯が食べられるのでよい。なし。	長男の行為による身体損傷の増加。	介護員：入浴時に皮膚状態の観察。		2) 物忘れがひどくならないように健康に気をつけて夫の世話ができる。	②	健康に気をつけて家の周りの散歩は続けたい。
	口腔衛生	総義歯、義歯の手入れは、入れっぱなしになっている。		義歯の手入れができていないため口腔環境の悪化。	歯科衛生士：口腔環境の観察。			③	身体をきれいにして、いつもさっぱりしたい。
② 行為指標	ADL（移動、入浴、更衣、整容等）	日常生活自立度：J2 移動：ふらつきなく独歩。起き上がり・寝返りも自立しているが、洗身、洗顔。入浴は自立であるが隣のトイレまでは独歩で行ける。排泄：自宅のすぐ隣のトイレまでは独歩で行ける。整容：自分なりに整えている。更衣：着替えができず順番がバラバラで、季節外れの衣服を着用してしまう。	本人：家に風呂があるから、外に入らなくていい。家族：湯船につからないで、声をかけるだけで入浴しない。	入浴行為の認識低下により保清ができない。	介護員：入浴行為の確認。	②身体、口腔の衛生面でのケア。		④	長男の足が不自由で疲れているので休ませてあげたい。
	IADL（調理、掃除、買い物、金銭管理、服薬状況等）	調理：85歳、何度も鍋焦がしあり、オール電化にしたら、操作ができなくなった。レンジの操作もできず。作ってもらう。掃除・洗濯：ずっと嫁が担っている。金銭管理：管理できず息子がしている。薬の管理、服薬：自己管理は難しい。	本人：嫁が行ってくれるのでやってくれるので大事にしてお金は大事だから息子に預けている。息子がお金を盗むと怒り出すので困る。家族：お金を盗んだと騒ぐので困る。	嫁の介護疲労から長男の支援力が低下する。長男はお金に関するストレスが増す。	地域包括支援センター：家庭環境の実態を把握する。	③家庭環境を把握し、介護放棄がある客観的に情報収集し、情報共有する。			
	食事摂取（食事環境、食事の準備、食事量、回数等）	食事環境：長男夫婦一緒に食べる。食事の準備：長男の嫁が行っている。食事量、回数：食欲があり3食しっかりと食べる。空腹になると時間に関係なく食べてしまう。嗜好：好き嫌いなく何でも食べる。BMI：20	本人：ごはんは美味しく食べられる、好き嫌いなく何でも食べる。家族：時間に関係なく人の分まで食べてしまい困っている。	食欲はあり、栄養状態は良い、過食に注意。	介護員：過食に注意が必要。				

102

第3章 アセスメントのモデル事例とポイント

排尿・排便 (尿意、便意、 回数、失禁、 排泄動作)	尿意：あり。便意：あり。 尿回数：日中5回、夜間3回。 便回数：1日1回。 失禁の程度：夜間下着ズボンに汚れてしまい尿臭が気になることがある。 排泄動作：自立。	本人：下のことは恥ずかしいので自分でやっている。 家族：汚れた下着やズボンに気づいて尿臭が気になることがある。	失禁することが増え、本人、家族共にストレスになる。	介護員：早めのトイレ誘導で排泄コントロールをする。	
③ 認知 (長谷川式またはMMSE等)	認知症高齢者の日常生活自立度：Ⅲa 長谷川式得点：10点 短期記憶欠落あり。長期記憶をもとにまいたところはあるが、簡単な意思決定はできる。同じ話を何度も繰り返して話をしたり、カステラや和菓子などをタンスの引き出しに収納するなど、母の言動に息子が増え、「息子がお金を盗ったなどという被害妄想」あり。	本人：私はボケておらん。息子の言動が大きな声で怒るので何とかしてほしい。 家族：認知症状が強くなってきてストレスになる。せめて長男とこれ以上悪くならないでほしい。	認知症の進行やそれに伴うBPSDの悪化。 長男に対し、金銭の紛失や物盗られ妄想などから親子関係が悪化。	認知症専門医：病状を聴き、今後の治療方針を決める。	④認知症の治療を受け症状が安定し、生まれ育った土地で家族と生活ができる支援と、一時的な家族分離も検討する。
コミュニケーション関係指標 (視力、聴力、人間関係等)	視力、聴力：問題なし。 自分の意志を伝える力：自分の思いをはっきりと言うが忘れられることも多い。 人間関係：隣近所との付き合いは良好。長男夫婦との関係も良かったが、この頃から暴言あり。	家族：言ったことをすぐ忘れてしまう。話がかみ合わないことが増えてイライラして怒れてくる。	本人の暴言を含め家族のストレスが増す。	認知症専門医、看護師：BPSDに対する接し方のアドバイス。	⑤区長や民生委員等が連携し、地域で支援できる関係を作る。
社会とのかかわり (他者との交流、地域の環境等)	地域環境：生まれ育った土地なので、近所付き合いもあり、地域の行事は積極的に参加したい。 友人は2〜3人いるがお茶を飲む程度。	本人：家が一番いい。犬の世話をしながら過ごしている。 家族：外にも目を向けて出かけてほしい。	閉じこもりになる。	地域包括支援センター、区長、民生委員：日頃の長男の様子を確認する。	
ストレングス (強み)	健康にとても気を遣うとことは家族内でも良好であった。もともとは家族仲良好であった。長男のことは、大事に思っている。以前は、仲良く生活していたが認知症になって大変である。お金を貯め込んでいないので施設入所も考えている。	本人：健康に気をつけて元気で暮らす。 家族：以前は、仲良く生活していたが認知症になって大変である。お金を貯め込んでいないので施設入所も考えている。	健康管理はできる。	主治医：健康維持のため運動を勧める。認知症治療で家族関係の改善を図る。	
④介護力指標 居住環境	長男の持家の1階に自室あり。バリアフリーで支障はない。	特になし。	特になし。	地域包括支援センター：健康維持できる機会を勧める。適切な認知症治療で家族関係の改善を図る。	
介護力	共働きの同居している長男夫婦が担っている。(長男)郡役所勤務、嫁：事務職。長男は、1年前に配達の仕事中に交通事故に遭い足が不自由で(長男の嫁)無理はできないので、母親の世話もして(通院中)、最近は足を踏ん張ったり、身体を押したりすることで人前で足が可愛がっているようがく、貯金がない。嫁は、見守りながら金銭的負担をかけずに、家族に金銭的負担をかけずに施設入所済。	家族：(長男)自分のことで大変なのに、母のことで大変。行動もできないので制約が多い無理もできないので、デイサービスなどで入浴はしてほしい。(嫁)夫と母親のいさかいが出てくれないと困る。毎日デイサービスを使いたい。たまには泊りも使いたい。施設入所も考えている。	本人の認知症の悪化に伴い介護負担の増大。 長男の身体的、精神的状態の把握。 長男の嫁の思いを確認。 長女、次女：様子を見に来る回数を増やす。	⑥長男夫婦の思い、介護疲労やストレスの度合いを調べ、サポートできる体制作りをする。 ⑦長男夫婦の認知症に対しての理解が必要である。
特別な状況	長男の病状悪化の可能性がある。	特になし。	症状悪化に起因する虐待の増加。	長男の主治医：病状確認と治療方針について聞く。	

第 1 表

居宅サービス計画書（1）

作成年月日　年　月　日

初回　・　紹介　・　㊀継続

認定済　・　申請中

利用者名　F　様　　生年月日　年　月　日　　住所

居宅サービス計画作成者氏名

居宅介護支援事業者・事業所名及び所在地

居宅サービス計画作成（変更）日　年　月　日　　初回居宅サービス計画作成日　年　月　日

認定日　年　月　日　　認定の有効期間　年　月　日　～　年　月　日　（区分変更中）

要介護状態区分	要介護 1 ・ 要介護 ② ・ 要介護 3 ・ 要介護 4 ・ 要介護 5
利用者及び家族の生活に対する意向	本人：長男といさかいが多く、嫌になることがある。以前のように仲良く暮らしたい。 物忘れがひどくならないように健康に気をつけて、運動や散歩は続けていきたい。 家族：認知症状が進むにつれ、負担が多くなってきて、ついつい大きな声を出したり、手を上げてしまう。自分の身体も思うようにならないので疲れもある。これ以上悪くならないではしいし、距離をおいて看ていきたい。
介護認定審査会の意見及びサービスの種類の指定	特になし。
総合的な援助の方針	① 本人と家族の状況をうかがい、事実確認をしながら適切なアドバイスや支援ができるようにしていきます。 ② 本人が安らげる場所を作り、また長男の身体的、精神的疲労が和らぐように支援していきます。 ③ 専門医や地域、他職種事業所と連携し、サポートできるように支援していきます。 　　緊急連絡先　…　○○○
生活援助中心型の算定理由	1．一人暮らし　　2．家族等が障害、疾病等　　3．その他（　　　　）
居宅サービス計画書の説明を受け、同意し受領しました。	同意年月日　平成　年　月　日　　氏名　　　　　　㊞　　続柄

104

第3章 アセスメントのモデル事例とポイント

居宅サービス計画書（2）

第2表

利用者名　F　様　　　　　　　　　　　　　　　　　　　　　作成年月日　年　月　日

生活全般の解決すべき課題（ニーズ）	援助目標			援助内容					
	長期目標	（期間）	短期目標	（期間）	サービス内容	※1	サービス種別	※2	頻度	期間
長男といさかいなく家族仲良く過ごしたい。	以前のように長男夫婦と仲良く生活ができる。	○年○月○日～○年○月○日	長男と穏やかに話ができる。	○年○月○日～○年○月○日	認知症専門医との連携、認知症専門医に受診、病状管理、内服治療		主治医 認知症専門医	Sクリニック ○○病院	2週に1回 月1回	○年○月○日～○年○月○日
					服薬管理（確実に服薬できるようにする。		長男の嫁、家族		毎日	○年○月○日～○年○月○日
					本人の想いを聞きとり、包括支援センターと情報共有する。		ケアマネジャー		適宜	○年○月○日～○年○月○日
					長男夫婦の想いを聞きとり、民生委員や区長と連携を図る。		地域包括支援センター、民生委員、区長	○○居宅介護支援事業所 ○○地域包括支援センター	適宜	○年○月○日～○年○月○日
			長男夫婦が認知症を理解できる。	○年○月○日～○年○月○日	認知症の理解を深めるためのアドバイスをする。		認知症専門医、看護師	○○病院	月1回	○年○月○日～○年○月○日
					認知症家族の会、介護教室の参加。ケアマネジャーが連携支援をする。		認知症家族の会、介護教室 ケアマネジャー	○○居宅介護支援事業所	適宜	○年○月○日～○年○月○日
健康に気をつけて家の周りの散歩は続けたい。	可愛がっている犬と一緒に散歩ができる。	○年○月○日～○年○月○日	足腰を強くしてラジオ体操が続けられる。	○年○月○日～○年○月○日	個別機能訓練。体力維持のための運動訓練。	○	通所介護	○○デイサービス	週3回	○年○月○日～○年○月○日
			散歩中に隣近所の人と話ができる。	○年○月○日～○年○月○日	区長、民生委員を通じ、地域の人とかかわりがもてるようにする。散歩中の声かけ。		区長、民生委員、近隣の人々、友人		適宜	○年○月○日～○年○月○日
身体をきれいにして、いつもさっぱりした身なりで過ごせる。	身体がきれいになり気持ちよく過ごせる。	○年○月○日～○年○月○日	声かけをしてもらい身体を洗うことができる。	○年○月○日～○年○月○日	入浴介助：自宅では洗身ができていないので見守り、声かけをするようにする。入浴後の更衣は見守り、声かけをする。皮膚状態の観察は必要で、そのつど報告する。	○	通所介護	○○デイサービス	週3回	○年○月○日～○年○月○日
			失敗なくトイレを済ますことができる。	○年○月○日～○年○月○日	時間的にトイレに誘導し、排泄コントロールをする。	○	通所介護	○○デイサービス	週3回	○年○月○日～○年○月○日
長男の足が不自由で家事に疲れているので休ませてあげたい。	長男が休むことができ、家での生活が続けられる。	○年○月○日～○年○月○日	長男が気分転換ができ体調も良くなる。	○年○月○日～○年○月○日	自宅以外で安心して過ごせる場所の提供。生活全般の介助、食事、入浴、排泄等の支援。長男の体調を考え送迎を提供。	○	短期入所生活介護	○○ショートステイ	週3～4回	○年○月○日～○年○月○日
			地域に長男夫婦が気軽に相談できる所がある。	○年○月○日～○年○月○日	長男夫婦の介護疲労やストレスの度合いを聞き、地域でサポート体制を作る。		民生委員、区長、駐在所、近隣の人々、地域包括支援センター、ケアマネジャー、各種サービス事業所との連携	○○地区民生委員 ○○包括支援センター ○○居宅介護支援事業所 ○○サービス事業所	随時	○年○月○日～○年○月○日

※1 「保険給付対象か否かの区分」について、保険給付対象内サービスについては○印を付す。
※2 「当該サービス提供を行う事業所」について記入する。

第3表

週間サービス計画表

利用者氏名　F　　　　様　　　　　　　　　　　作成年月日　　年　月　日

	月	火	水	木	金	土	日	主な日常生活上の活動
4:00 深夜								
6:00 早朝								起床、洗面
8:00 午前								ラジオ体操 朝食（長男夫婦と食べる） 犬と散歩
10:00		通所介護		通所介護		通所介護		庭の草取り ラジオ体操
12:00								昼食（1人で食べる）
14:00 午後								テレビ視聴
16:00								犬と散歩 ラジオ体操
18:00 夜間								夕食（長男夫婦と食べる）
20:00								
22:00								就寝
24:00 深夜								
2:00								
4:00								

週単位以外のサービス：Sクリニック受診。

サービス担当者会議の要点

| 第4表 | | | | | | 作成年月日　　年　　月　　日 |

利用者名		様	サービス計画作成者（担当者）氏名		
開催日　　年　　月　　日	開催場所　地域包括支援センター		開催時間		開催回数

会議出席者

所属（職種）	氏名	所属（職種）	氏名
長男の嫁		主治医（Sクリニック）	
長女		地域包括支援センター	
次女		通所介護（相談員）	

所属（職種）	氏名
短期入所生活介護（相談員）	
民生委員	
ケアマネジャー	

検討した項目

虐待の疑いがあるための対応策、支援方法について
① 本人、家族の現在の状況と情報共有
② 地域、ケアチームでサポートできる役割と分担
（＊当事者である本人と長男には、この会議の参加は控えてもらう。）

検討内容

① 現状の課題の共有
・本人と長男の間でついていないさかいがある。本人の認知症治療ができていない。認知症の進行に伴い長男夫婦（とくに長男）にストレスが増している。

長男：足が不自由で身体的疲労もあり、過度になるとついつい手を挙げてしまう。
長男の嫁：自分たちだけで看ていくのが負担になってきた。休む時間がほしい。認知症のことや接し方がわからない。認知症を知ることで母親に対しての見方が変わるかもしれない。
長女、次女：弟夫婦が大変になってきているので協力はしたい。実家に来る日を多くする。

② 地域の役割・サポート体制
民生委員：昔から馴染みの家族で周りの人たちもよく知っている。家族だけで抱え込まないように訪問しながら話を聞いていく。
主治医：認知症専門医に紹介し、適切な治療方針を確認する。
通所介護：本人が楽しんで来てくれるような支援。身体保清や認知症予防の脳トレーニング等を行う。
長男夫婦の負担軽減のためのレスパイト支援。
短期入所生活介護：長男夫婦が休養でき、精神的にも安定するように本人との距離を置く。本人は、安心して生活できるように介助していく。
地域包括支援センター：家族、ケアマネジャー、ケアチームがそれぞれの役割をもってサポートしていく。長男の身体的・精神的負担の軽減のために、本人の状況を的確に把握し、主治医、多職種、地域の方と連携していく。

結論

・②は、検討内容どおり、家族との関係が悪化してきた場合。
レスパイトの支援を充実させる。家族の協力も得る。現状が悪化しないように、今後虐待疑い・発見された場合は、関係者間で連携を図り、早急に介入していく。

残された課題（次回の開催時期）

・本人と長男、家族との関係が悪化した時。
・地域ケア会議開催（市と地域包括支援センターとの連携を図る。地域でサポートする体制を整える）。
次回開催予定：状況が悪化した時。

第3章　アセスメントのモデル事例とポイント

認知症　生活習慣病（糖尿病）　脳血管疾患（脳梗塞）　筋骨格系疾患（脊柱管狭窄症）　末期がん　虐待

107

【付録のＣＤ－ＲＯＭについて】

　付録のＣＤ－ＲＯＭには，愛介連版の「アセスメントシート」「フェイスシート」および居宅版・施設版の「サービス計画書」等の書式（テンプレート）が入っています。WordとExcelの両方をご用意しました。使いやすいほうを使用してください。
　本書の事例を使って自己学習する際に，あるいは実際の業務の際にご活用ください。

○使用環境

　推奨ＯＳ：Windows7以降
　推奨ワープロソフト：Office2007以降
　保存形式：Word（.docx）およびExcel（.xslx）

○フォルダ構成

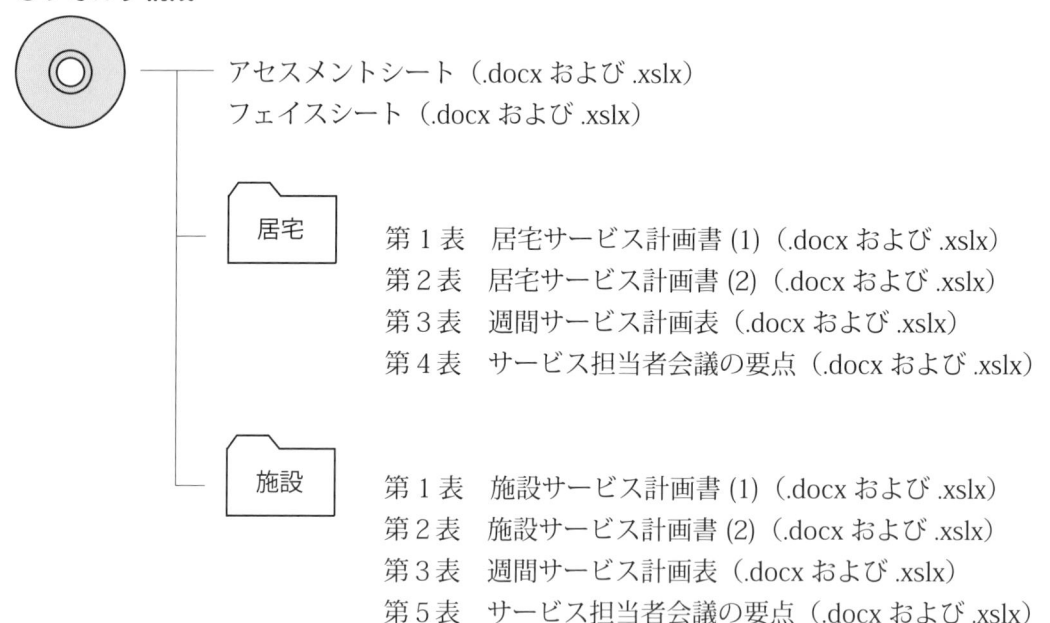

　　　　　　　　　アセスメントシート（.docxおよび.xslx）
　　　　　　　　　フェイスシート（.docxおよび.xslx）

　　　　　居宅
　　　　　　　　　第１表　居宅サービス計画書(1)（.docxおよび.xslx）
　　　　　　　　　第２表　居宅サービス計画書(2)（.docxおよび.xslx）
　　　　　　　　　第３表　週間サービス計画表（.docxおよび.xslx）
　　　　　　　　　第４表　サービス担当者会議の要点（.docxおよび.xslx）

　　　　　施設
　　　　　　　　　第１表　施設サービス計画書(1)（.docxおよび.xslx）
　　　　　　　　　第２表　施設サービス計画書(2)（.docxおよび.xslx）
　　　　　　　　　第３表　週間サービス計画表（.docxおよび.xslx）
　　　　　　　　　第５表　サービス担当者会議の要点（.docxおよび.xslx）

○使用許諾についての注意　※必ずお読みください。

- ＣＤ－ＲＯＭが入った袋を開封されますと，お客様が本書内の注意事項やこの使用許諾の注意書きを承諾したものと判断いたします。
- 収録されている「アセスメントシート」「フェイスシート」の著作権および許諾権は，（株）黎明書房及び愛介連が管理しています。本書の内容およびデータの複製および頒布，譲渡，転売，賃貸はできません。
- 商業誌やインターネットでの使用はできません。
- 収録データを使用した結果発生した損害や不利益その他いかなる事態にも黎明書房は一切責任を負いません。また，このＣＤ－ＲＯＭは十分な注意を払って制作しておりますが，欠陥がないことを保証するものではありません。ご了承ください。
- お手持ちのパソコン環境やアプリケーションソフト（ワープロソフト）によって，動作や手順が異なる場合があります。また，データの読み込み・編集の方法については，お使いのＯＳやアプリケーションソフトに依存します。操作に関して不明の点や不具合が生じた場合は，パソコンソフトやアプリケーションに付属のマニュアルをご覧ください。
- WindowsはMicrosoft Corporationの米国その他の国における登録商標または商標です。その他本書中に登場する商品名は，それらの所有者の商標または登録商標です。

あとがき

　ケアマネジャーの専門性の基本が「アセスメント」にあることは誰しも疑いません。医療・看護・介護・福祉・教育等をはじめとして，およそ対人援助に携わる職能は，利用者等を理解し，支援を適切に行うために，各分野においてアセスメント力の向上（スキルアップ）に専心してきました。そうした中で，利用者等の継続的・包括的な支援をめざし，多職種連携を視野において，アセスメントに取り組む専門職は，ケアマネジャーをおいてほかにありません。

　ケアマネジャーのアセスメント力こそ，利用者本位のサービス（ケア）を実現する必須の要件なのだという声に押されて，愛介連による研究開発の取り組みが始まったのは2012年秋でした。スタートラインは，利用者（とその家族）のニーズをどうすれば総合的に立体的にとらえることができるか，ということでした。「介護を要する人」ではなく，「老いを生きる人」の生活像を適切に反映したシートであること，ライフケア（いのちと暮らしのケア）を実現するためのツールであることを求めて，議論を重ねてきました。

　メンバーは多忙な業務をやりくりして毎月のように集まり，ときにケアマネジメントの本質に立ち返り，ときに実践を省みて，つごう100時間を超えるほどにもなりました。およそこうした取り組みは，試行の域を出ることはありません。それでも，多くのケアマネジャーの厳しい叱正を受けながら，メンバーの知的誠実さに支えられて，試行はひとつの成果を世に問うことができました。利用者等の信頼に応えるべく，本書がささやかでもケアマネジメント実践の一里塚になることができればと祈っています。

（増田樹郎）

＊

　介護保険制度がスタートして，15年目を迎え，ケアマネジャーへの期待が高まる反面，アセスメント能力と多職種連携（特に医療連携）の課題が大きくクローズアップされてきました。しかし，現場のケアマネジャーの大半は，走りながら変わっていく介護保険制度に翻弄されながらも，利用者・家族の支援に前向きに取り組んできました。

　では，なぜ評価されないのでしょう。それは，ケアマネジメントを実践する専門職として現場において結果を出し切っていないからです。つまり，今までのアセスメント方法では，アセスメント能力の向上や多職種連携が十分に図れないからです。そこで，新たにアセスメントシートの開発に取り組みました。現場がこのシート（道具）を使いこなしていくうちにアセスメント能力が向上し，多職種連携の場面でアセスメント・プロセスが説明でき，連携が図れることがねらいでした。このテキストは，その集大成です。ぜひ手に取り，現場で活用していただくことを願っています。編集・出版に至るまでご指導・ご協力いただいた皆様に感謝を申し上げます。

（磯村直美）

　今回の出版にあたり，3年以上にわたり，研修会での試行や議論を重ねてきました。このシートは，情報を整理し，考える過程をできるだけ明らかにすることを目的に作成しています。課題を整理し，生活目標から，ニーズを導く過程ができるだけ見えるように，解釈しやすいように考えました。また，シートをシンプルにすることも考えました。

　このシートは，研修会などをとおして，記載すべき方法やポイントを学んだうえで活用してく

ださい。シートの作成過程では，多くの方々のご意見やご協力をいただきました。心からの感謝を申し上げます。何よりも利用者にとってよりよいケアプランができますように心から願っています。

(熊谷泰臣)

　ケアマネジメントは「アセスメントに始まり，アセスメントに終わる」。
　この言葉を何度も耳にいたします。今回この本の製作にかかわり，改めてその意味を強く感じます。利用者の生きてきた過程，人生の全体像を理解したうえで真のニーズを引き出す力がケアマネジャーに求められている今，このアセスメントシートを使用していくことで，利用者一人ひとりの「らしさ」が浮かび上がってくると確信しています。チームの一員として参加できたことを嬉しく思い，深く感謝いたします。

(中野好美)

　日常業務と並行してアセスメントシートの作成に携わってきました。このシートによって利用者の過去，現在，明日への可能性，その人らしい生活目標等の各ステージが，誰が見ても理解できるものになったと実感しています。利用者の思いが置き去りにされることなく，また多職種の見解等を集約しつつ，ケアプラン作成ができます。一人として同じではない人生を要介護状態になってもその人らしく過ごすことができるように支援していきたいと思います。
　出版にあたり，ご指導いただきました皆様，職場の理解，家族の協力に感謝いたします。

(牧野こずえ)

　業務として行う「アセスメント」に馴れてしまい，日々こなすだけの作業になりがちだと感じていた頃に，このアセスメントシート開発プロジェクトに参加いたしました。
　アセスメントの本質について議論を重ね，より効果的な分析ができる様式になるように検討するなかで，改めて「アセスメント」の重要性を考え直す機会になりました。何よりもこの様式を使うほどに，利用者の「よりよく生活しようとする姿」を，「他者にも伝える」というポイントで整理ができるようになっている自分を感じています。
　シンプルな様式であるがゆえに，とっつきにくさも感じるシートですが，自己を成長させる道具としてすべてのケアマネジャーに活用していただければと願っています。さらにより良いものにするために，多くの使用事例とご意見をお寄せください。

(宮川陽介)

参考文献

- 渡部律子『高齢者援助における相談面接の理論と実際』医歯薬出版，1999。
- 佐藤信人『介護サービス計画（ケアプラン）作成の基本的考え方―試論ノート―』全国介護支援専門員連絡協議会，2004。
- 大川弥生『目標指向的介護の理論と実際―本当のリハビリテーションとともに築く介護―』中央法規，2000。
- 長寿社会開発センター『居宅サービス計画書作成の手引き』中央法規，2003。
- 介護支援専門員実務研修テキスト作成委員会編『介護支援専門員実務研修テキスト』長寿社会開発センター，2003。
- アーサー・クライマン著，江口重幸・五木田紳・上野剛志訳『病いの語り―慢性の病いをめぐる臨床人類学―』誠信書房，1996。
- 野口裕二『ナラティブの臨床社会学』勁草書房，2005。
- 野口裕二『物語としてのケア―ナラティブ・アプローチの世界へ―』医学書院，2002。
- 鯨岡峻『エピソード記述入門―実践と質的研究のために』東京大学出版会，2005。
- 八木誠一『場所論としての宗教哲学』法藏館，2006。
- 知的障害者ケアマネジメント研究会監修『障害者ケアマネジャー養成テキスト―知的障害論―（第3版）』中央法規，2003。
- J.N.Morris他著，池上直己監訳『インターライ方式ケアアセスメント―居宅・施設・高齢者住宅―』医学書院，2011。
- 高橋清久・大島巌編著『ケアガイドラインに基づく精神障害者ケアマネジメントの進め方（改訂新版）』精神障害者社会復帰促進センター，1999。
- 『介護支援専門員のあるべき姿を目指して―「静岡県介護支援専門員連絡協議会研修研究会」報告書―』静岡県介護支援専門員連絡協議会，2010。
- 『施設ケアマネジメントへの道しるべ―その人らしく生きるために―』静岡県健康福祉部介護保険室，2006。
- 兵庫県・兵庫県介護支援専門員協会編『「気づきの」のスーパービジョン―介護支援専門員のための実践事例検討集（居宅編）―』兵庫県介護支援専門員協会，2002。
- 『介護保険施設における施設ケアのあり方と介護支援専門員業務の手引き』東京都介護支援専門員支援会議，2004。
- 増田樹郎・山本誠編著『解く介護の思想―なぜ人は介護するのか―』久美株式会社，2004。
- 杉本敏夫・米増國雄・南武志・和田謙一郎編『ケアマネジメント用語辞典』ミネルヴァ書房，2005。
- ルシア・ガムロス，ジョイス・セムラディック，エリザベス・トーンキスト編，岡本祐三・秦洋一訳『自立支援とは何か―高齢者介護の戦略―』日本評論社，1999。
- 木村敏『臨床哲学講義』創元社，2012。
- 木村敏『あいだ』弘文堂，1988。
- 星野政明・増田樹郎編著『これだけは知っておきたい介護の禁句・介護の名句』黎明書房，1998。

身体障害者障害程度等級表（身体障害者福祉法施行規則別表）

障害程度参考	級別	視覚障害	聴覚又は平衡機能の障害		音声機能，言語機能又はそしゃく機能の障害	肢体不自由	
			聴覚障害	平衡機能障害		上肢	下肢
重度	1級	両眼の視力（万国式試視力表によって測ったものをいい，屈折異常のある者については，きょう正視力について測ったものをいう。以下同じ。）の和が0.01以下のもの				1. 両上肢の機能を全廃したもの 2. 両上肢を手関節以上で欠くもの	1. 両下肢の機能を全廃したもの 2. 両下肢を大腿の2分の1以上で欠くもの
	2級	1. 両眼の視力の和が0.02以上0.04以下のもの 2. 両眼の視野がそれぞれ10度以内でかつ両眼による視野について視能率による損失率が95%以上のもの	両耳の聴力レベルがそれぞれ100デシベル以上のもの（両耳全ろう）			1. 両上肢の機能の著しい障害 2. 両上肢のすべての指を欠くもの 3. 一上肢を上腕の2分の1以上で欠くもの 4. 一上肢の機能を全廃したもの	1. 両下肢の機能の著しい障害 2. 両下肢を下腿の2分の1以上で欠くもの
中度	3級	1. 両眼の視力の和が0.05以上0.08以下のもの 2. 両眼の視野がそれぞれ10度以内でかつ両眼による視野について視能率による損失率が90%以上のもの	両耳の聴力レベルが90デシベル以上のもの（耳介に接しなければ大声語を理解し得ないもの）	平衡機能の極めて著しい障害	音声機能，言語機能又はそしゃく機能の喪失	1. 両上肢のおや指及びひとさし指を欠くもの 2. 両上肢のおや指及びひとさし指の機能を全廃したもの 3. 一上肢の機能の著しい障害 4. 一上肢のすべての指を欠くもの 5. 一上肢のすべての指の機能を全廃したもの	1. 両下肢をショパー関節以上で欠くもの 2. 一下肢を大腿の2分の1以上で欠くもの 3. 一下肢の機能を全廃したもの
	4級	1. 両眼の視力の和が0.09以上0.12以下のもの 2. 両眼の視野がそれぞれ10度以内のもの	1. 両耳の聴力レベルが80デシベル以上のもの（耳介に接しなければ話声語を理解し得ないもの） 2. 両耳による普通話声の最良の語音明瞭度が50%以下のもの		音声機能，言語機能又はそしゃく機能の著しい障害	1. 両上肢のおや指を欠くもの 2. 両上肢のおや指の機能を全廃したもの 3. 一上肢の肩関節，肘関節又は手関節のうち，いずれか一関節の機能を全廃したもの 4. 一上肢のおや指及びひとさし指を欠くもの 5. 一上肢のおや指及びひとさし指の機能を全廃したもの 6. おや指又はひとさし指を含めて一上肢の3指を欠くもの 7. おや指又はひとさし指を含めて一上肢の3指の機能を全廃したもの 8. おや指又はひとさし指を含めて一上肢の4指の機能の著しい障害	1. 両下肢のすべての指を欠くもの 2. 両下肢のすべての指の機能を全廃したもの 3. 一下肢を下腿の2分の1以上で欠くもの 4. 一下肢の機能の著しい障害 5. 一下肢の股関節又は膝関節の機能を全廃したもの 6. 一下肢が健側に比して10cm以上又は健側の長さの10分の1以上短いもの
	5級	1. 両眼の視力の和が0.13以上0.2以下のもの 2. 両眼による視野の2分の1以上が欠けているもの		平衡機能の著しい障害		1. 両上肢のおや指の機能の著しい障害 2. 一上肢の肩関節，肘関節又は手関節のうち，いずれか一関節の機能の著しい障害 3. 一上肢のおや指を欠くもの 4. 一上肢のおや指の機能を全廃したもの 5. 一上肢のおや指及びひとさし指の機能の著しい障害 6. おや指又はひとさし指を含めて一上肢の3指の機能の著しい障害	1. 一下肢の股関節又は膝関節の機能の著しい障害 2. 一下肢の足関節の機能を全廃したもの 3. 一下肢が健側に比して5cm以上又は健側の長さの15分の1以上短いもの
軽度	6級	一眼の視力が0.02以下，他眼の視力が0.6以下のもので，両眼の視力の和が0.2を越えるもの	1. 両耳の聴力レベルが70デシベル以上のもの（40cm以上の距離で発声された会話語を理解し得ないもの） 2. 一側耳の聴力レベルが90デシベル以上，他側耳の聴力レベルが50デシベル以上のもの			1. 一上肢のおや指の機能の著しい障害 2. ひとさし指を含めて一上肢の2指を欠くもの 3. ひとさし指を含めて一上肢の2指の機能を全廃したもの	1. 一下肢をリスフラン関節以上で欠くもの 2. 一下肢の足関節の機能の著しい障害
	7級					1. 一上肢の機能の軽度の障害 2. 一上肢の肩関節，肘関節又は手関節のうち，いずれか一関節の機能の軽度の障害 3. 一上肢の手関節の機能の軽度の障害 4. ひとさし指を含めて一上肢の2指の機能の著しい障害 5. 一上肢のなか指，くすり及び小指を欠くもの 6. 一上肢のなか指，くすり指及び小指の機能を全廃したもの	1. 両下肢のすべての指の機能の著しい障害 2. 一下肢の機能の軽度の障害 3. 一下肢の股関節，膝関節又は足関節のうち，いずれか一関節の機能の軽度の障害 4. 一下肢のすべての指を欠くもの 5. 一下肢のすべての指の機能を全廃したもの 6. 一下肢が健側に比して3cm以上又は健側の長さの20分の1以上短いもの

備考
1. 同一の等級について2つの重複する障害がある場合は，1級上の級とする。ただし，2つの重複する障害が特に本表中に指定せられているものは，該当等級とする。
2. 肢体不自由においては，7級に該当する障害が2以上重複する場合は，6級とする。
3. 異なる等級について2以上の重複する障害がある場合については，障害の程度を勘案して当該等級より上の級とすることができる。
4. 「指を欠くもの」とは，おや指については指骨間関節，その他の指については第1指骨間関節以上を欠くものをいう。

参考資料・身体障害者障害程度等級表

体幹	乳幼児期以前の非進行性の脳病変による運動機能障害		心臓，じん臓若しくは呼吸器又はぼうこう若しくは直腸若しくは小腸若しくはヒト免疫不全ウイルスによる免疫若しくは肝臓の機能の障害						
	上肢機能	移動機能	心臓機能障害	じん臓機能障害	呼吸器機能障害	ぼうこう又は直腸の機能障害	小腸機能障害	ヒト免疫不全ウイルスによる免疫機能障害	肝臓機能障害
体幹の機能障害により座っていることができないもの	不随意運動・失調等により上肢を使用する日常生活動作がほとんど不可能なもの	不随意運動・失調等により歩行が不可能なもの	心臓の機能の障害により自己の身辺の日常生活活動が極度に制限されるもの	じん臓の機能の障害により自己の身辺の日常生活活動が極度に制限されるもの	呼吸器の機能の障害により自己の身辺の日常生活活動が極度に制限されるもの	ぼうこう又は直腸の機能の障害により自己の身辺の日常生活活動が極度に制限されるもの	小腸の機能の障害により自己の身辺の日常生活活動が極度に制限されるもの	ヒト免疫不全ウイルスによる免疫の機能の障害により日常生活がほとんど不可能なもの	肝臓の機能の障害により日常生活活動がほとんど不可能なもの
1.体幹の機能障害により座位又は起立位を保つことが困難なもの 2.体幹の機能障害により立ち上がることが困難なもの	不随意運動・失調等により上肢を使用する日常生活動作が極度に制限されるもの	不随意運動・失調等により歩行が極度に制限されるもの						ヒト免疫不全ウイルスによる免疫の機能の障害により日常生活が極度に制限されるもの	肝臓の機能の障害により日常生活が極度に制限されるもの
体幹の機能障害により歩行が困難なもの	不随意運動・失調等により上肢を使用する日常生活動作が著しく制限されるもの	不随意運動・失調等により歩行が家庭内での日常生活活動に制限されるもの	心臓の機能の障害により家庭内での日常生活活動が著しく制限されるもの	じん臓の機能の障害により家庭内での日常生活活動が著しく制限されるもの	呼吸器の機能の障害により家庭内での日常生活活動が著しく制限されるもの	ぼうこう又は直腸の機能の障害により家庭内での日常生活活動が著しく制限されるもの	小腸の機能の障害により家庭内での日常生活活動が著しく制限されるもの	ヒト免疫不全ウイルスによる免疫の機能の障害により日常生活が著しく制限されるもの（社会での日常生活活動が著しく制限されるものを除く）	肝臓の機能の障害により日常生活活動が著しく制限されるもの（社会での日常生活活動が著しく制限されるものを除く）
	不随意運動・失調等による上肢の機能障害により社会での日常生活活動が著しく制限されるもの	不随意運動・失調等により社会での日常生活活動が著しく制限されるもの	心臓の機能の障害により社会での日常生活活動が著しく制限されるもの	じん臓の機能の障害により社会での日常生活活動が著しく制限されるもの	呼吸器の機能の障害により社会での日常生活活動が著しく制限されるもの	ぼうこう又は直腸の機能の障害により社会での日常生活活動が著しく制限されるもの	小腸の機能の障害により社会での日常生活活動が著しく制限されるもの	ヒト免疫不全ウイルスによる免疫の機能の障害により社会での日常生活活動が著しく制限されるもの	肝臓の機能の障害により社会での日常生活活動が著しく制限されるもの
体幹の機能の著しい障害	不随意運動・失調等による上肢の機能障害により社会での日常生活活動に支障のあるもの	不随意運動・失調等により社会での日常生活活動に支障のあるもの							
	不随意運動・失調等により上肢の機能の劣るもの	不随意運動・失調等により移動機能の劣るもの							
	上肢に不随意運動・失調等を有するもの	下肢に不随意運動・失調等を有するもの							

5.「指の機能障害」とは，中手指節関節以下の障害をいい，おや指については，対抗運動障害をも含むものとする。
6. 上肢又は下肢欠損の断端の長さは，実用長（上腕においては腋窩より，大腿においては坐骨結節の高さより計測したもの）をもって計測したものをいう。
7. 下肢の長さは，前腸骨棘より内くるぶし下端までを計測したものをいう。

出典：厚生労働省社会・援護局障害保健福祉部企画課　厚生労働省老健局総務課

療育手帳の概要

１）概要
　療育手帳：「知的障害児・者」に対して，継続的な相談・指導を行うために，また各種の援助・措置を行いやすくするために，都道府県知事または政令指定都市の長が交付する。
※根拠…「療育手帳制度について」（昭和48年9月27日厚生省発児第156号厚生事務次官通知）本通知は，療育手帳制度に関するガイドラインであり，各都道府県知事等は，本通知を踏まえて，それぞれの判断に基づいて実施要領を定めている。
　　　　ただし，手帳の主旨は，知的障害児・者の療育・支援に主眼があり，手帳を所持していることが法的に知的障害であることを根拠づけるものではない。

２）交付対象
　児童相談所または知的障害者更生相談所において「知的障害」と判定された者。なお，手帳の交付を受けた者が一定の年齢に達したとき，あるいは程度に著しい変化が認められた場合には，再判定（原則2年ごと）を受ける必要がある。また，障害が重複して補装具等を要する場合には身体障害者手帳と併せて申請する必要がある。

３）知的障害児（者）の定義　［名古屋市の場合］
　知的機能の障害が発達期（概ね18歳まで）に出現し，日常生活に支障が生じているために何らかの援助を必要としている者。
　以下の3つの条件をすべて満たすこととする。
　① 発達期（概ね18歳まで）に現れ，それが持続している者。
　② 知的機能が有意に平均より低いこと（一般的にはＩＱ＝知能指数70以下）。
　③ 日常生活において適応行動上の障害があること（日常生活に支障が生じ，医療・福祉・教育・職業等で，特別の援助を必要とする状態にあること）。

４）障害の程度と判定基準
　知的機能は，面接，観察所見，標準化された個別知能検査の結果に基づいて判定する。程度区分は以下のとおり。

```
① 最重度（概ね20以下）
② 重度（概ね21～35）
③ 中度（概ね36～50）
④ 軽度（概ね51～70または75）
```

※都道府県等において判定基準は2段階もしくは3または4段階に分かれている。

［2段階の場合：国及び名古屋市の基準］
○重度（A）の基準
　・知能指数が概ね35以下である。
　・食事，着脱衣，排便等のＡＤＬ（日常生活動作）に介助を要する者。
　・異食や多動などの問題行動がみられる者。

・ＩＱ50以下であっても，視覚・聴覚の障害，肢体不自由などを有する者。
○それ以外（Ｂ）の基準
　上記の重度に該当しない者。

［３段階の場合：愛知県の基準］
○最重度・重度（Ａ）
○中度　　　　（Ｂ）
○軽度　　　　（Ｃ）

5）判定内容（参考：判定の詳細については住所地の関係機関に問い合わせること）
　①　上記の程度区分。
　②　社会生活上の能力
　身辺処理，交通等の移動，意思表示や理解力，集団行動や適応行動，読み書きや計算等の能力，家事，職業能力など。
　③　介護度の程度
　失禁や異食，多動などに対する配慮の必要性。身体障害や虚弱，視覚・聴覚の障害，けいれん発作等を併せもつ場合。
※知的障害は，先天的または後天的に知的機能に障害がある場合の総称（症候群）であり，事故による外傷や高齢者の知能低下（認知症）とは区別される。

索　引

IADL（手段的日常生活動作）　27
アカウンタビリティ　21
以前の生活を踏まえた今の暮らし　24，33
痛みのコントロール　88
医療モデル　10
インフォームド・コンセント　11
ADL（日常生活動作）　27
オルターナティブ・ストーリー　12
課題の整理　25，37
課題指向　23
課題整理総括表　10，24
課題分析標準項目　10，23
介護力　32
介護力指標　24
緩和ケア　88
関係指標　24
虐待　98
居住環境　31
ケアカンファレンス　22
健康指標　24
口腔衛生　26
行為指標　24
国際生活機能分類（International Classification of Functioning, Disability and Health：ICF）　10
コミュニケーション　30
根拠に基づくケア（Evidence-Based Care：EBC）　11
サービス主導　21
社会とのかかわり　30
主訴　16
終末期リハビリ　88
食事摂取　28

じょくそう・皮膚の問題　26
振戦（震え）　28
ストレングス（強み）　31
生活機能　11
生活全般の解決すべき課題（ニーズ）　25，39
生活目標（私の望む生活像）　25，38
生活モデル　10
脊柱管狭窄症　78
阻害要因　25
促進要因　25
多職種の意見　36
短期目標　40
地域包括ケア　10，18
長期目標　40
糖尿病　58
特別な状況　32
ドミナント・ストーリー　12
ニーズ主導　21
認知　29
認知症　47
ネガティブコレクト　16
脳梗塞　68
脳出血　68
廃用性症候群　29
排尿・排便　28
ポジティブアシスト　17
末期がん　88
目標指向　23
目標指向的アプローチ　20
問題指向　20
予後予測・リスク　25，34
ライフヒストリー　8
利用者本位　21

編著者紹介

増田樹郎
　愛知教育大学名誉教授。1951年生まれ。社会福祉学（原論）を専門とするかたわら，ケアマネジメント論や臨床哲学などを研究している。
〈著書〉『これだけは知っておきたい介護の禁句・介護の名句』（共編著，黎明書房），『シリーズ介護の世界1～3巻』（共編著，久美出版），他。
〈訳書〉『ケアリング・ワールド』（監訳，黎明書房）。
〈論文〉「ソーシャルニーズ論Ⅰ～Ⅳ」「介護サービスにおけるケアマネジメント論の課題」「ＩＣＦにおける介護の諸概念」，他。

愛知県居宅介護支援事業者連絡協議会
　平成12年の介護保険制度開始の前年に愛知県の主導で県内のさまざまな法人を横断的に組織化して設立されました。現在は全国でも少ない，県単位の事業者の団体です。情報交換（行政と事業者，事業者間等），資質の向上（介護支援専門員等の教育，研修），サービスのレベルアップ（事業者の連携，情報交換による質の向上）などを目的とし，活動しています。理事会の下にケアマネジャー部会があり，研修事業を中心に幅広く研究・実践に取り組んでいます。

執筆者一覧（所属は刊行時のもの）

増田樹郎（愛知教育大学）　　　　　　　まえがき・序章・第1章・第2章
愛知県居宅介護支援事業者連絡協議会　　第3章
　磯村直美（医療法人愛生館　しんかわ介護サービスセンター）
　熊谷泰臣（医療法人財団善常会　善常会リハビリテーション病院）
　中野好美（社会福祉法人幡豆福祉会　居宅介護支援事業所レジデンス宮崎）
　牧野こずえ（医療法人鴨和会　井上医院ケアプランセンター）
　宮川陽介（医療法人紘寿会　介護老人保健施設さとまち）

※本書で紹介している事例のアセスメントシートの無断使用・コピーを禁じます。

ケアマネジャーのためのアセスメント能力を高める実践シート

2015年9月20日　初版発行	編著者	増田樹郎
2025年5月1日　6刷発行		愛知県居宅介護支援事業者連絡協議会
	発行者	武馬久仁裕
	印　刷	藤原印刷株式会社
	製　本	協栄製本工業株式会社

発行所　株式会社 黎明書房

〒460-0002　名古屋市中区丸の内3-6-27　EBSビル　☎052-962-3045
　　　　　　FAX 052-951-9065　振替・00880-1-59001
〒101-0047　東京連絡所・千代田区内神田1-12-12　美土代ビル6階
　　　　　　☎03-3268-3470

落丁本・乱丁本はお取替します。　　　ISBN978-4-654-07640-6
© T.Masuda & AIKAIREN 2015, Printed in Japan

これだけは知っておきたい介護の禁句・介護の名句
　　　　　　　　　　　　　　　　星野政明・増田樹郎編著　四六・214頁　1600円
　高齢者や障害者を介護する現場で使われがちな専門職の方々による不適切な言葉かけ（禁句）の事例を挙げ，利用者との信頼関係をつくる適切な言葉かけ（名句）の例を紹介。

高齢者の在宅・施設介護における性的トラブル対応法
　　　　　　　　鈴木俊夫・佐藤裕邦・荒木乳根子・遠藤英俊著　Ａ５・133頁　2000円
　在宅および施設での介護現場における，高齢者の性的トラブルについて代表的な58事例を取り上げ，それぞれの対応とその後の経過，所見等を詳しく紹介。高齢者介護に携わる方々の必読必備の本。

特装版　Dr・歯科医師・Ns・ST・PT・OT・PHN・管理栄養士
みんなで考えた高齢者の楽しい摂食・嚥下リハビリ＆レク
　　　　　　　　　　　　　藤島一郎監修　青木智恵子著　Ｂ５上製・130頁　3800円
　摂食・えん下の基礎知識，障害予防，医学的根拠をもつ，効果があがるリハビリやレクを楽しいイラストを交え，やさしく紹介。切り離してすぐ遊べる「摂食・嚥下カルタ」を付けた上製特装版。

摂食・嚥下リハビリカルタで楽しく遊ぼう
　　　　　　　　　　　　　　　藤島一郎監修　青木智恵子著　Ｂ５・103頁　2450円
　高齢者やスタッフがカルタを楽しみながら，摂食・えん下の基礎知識やリハビリの知識を得られる。カラー口絵を拡大コピーして絵札にしたり，本文の絵札をコピーして塗り絵にしたり，便利な1冊。

椅子に座ってできるシニアの1,2分間筋トレ×（カケル）脳トレ体操51
　　　　　　　　　　　　　　　　　　　　　　　斎藤道雄著　Ｂ５・64頁　1650円
　右手と左手で違う動きを同時にしたり，口で「パー」と言いながら手は「グー」を出したり……，筋トレと脳トレがいっしょにできる体操を51種紹介。椅子に腰かけたままできて，誰もが満足できます！

新装版　要支援・要介護の人もいっしょに楽しめるゲーム＆体操
　　　　　　　　　　　　　　　　　　　　　　　斎藤道雄著　Ｂ５・90頁　1700円
　1人ひとりに合うように少しやり方を変えるだけで，参加者の誰もが満足できます。年齢や身体能力に差があっても，いっしょに体を動かして気分爽快になるゲームと体操を35種紹介。新装・大判化。

一人でもできるシニアのかんたん虚弱予防体操50
　　　　　　　　　　　　　　　　　　　　　　　斎藤道雄著　Ｂ５・63頁　1700円
　一人～少人数で出来る，コロナ時代に対応した，シニアのための体操50種を収録。運動が苦手，億劫な人も，椅子に座ったまま楽しく虚弱予防！　シニア支援者のためのアドバイス付きです。2色刷。

しゃべらなくても楽しい！　シニアの1,2分間認知症予防体操50
　　　　　　　　　　　　　　　　　　　　　　　斎藤道雄著　Ｂ５・63頁　1700円
　認知症予防に役立つ体操と，体操的要素のある脳トレを50種収録。支援者の身振り手振りを真似するだけ。椅子に座ったまま，誰でも楽しく安全にできる，ウィズコロナ時代の新しい体操の本。2色刷。

しゃべらなくても楽しい！　シニアの心身機能アップ体操50
　　　　　　　　　　　　　　　　　　　　　　　斎藤道雄著　Ｂ５・63頁　1700円
　ウィズコロナ時代のシニアと支援者が安心して取り組める，「しゃべらないでする」体操を紹介。座ったまま，身振り手振りで伝わる体操で，誰でも楽しく安全に運動できます。2色刷。

　　　　　　　　　　　　　　　　　　　　　　表示価格は本体価格です。別途消費税がかかります。
■ホームページでは，新刊案内など，小社刊行物の詳細な情報を提供しております。「総合目録」もダウンロードできます。
　http://www.reimei-shobo.com/